Deus conclama as mulheres crist[...] mas sim, fiéis, felizes e frutíferas – [...] obras relevantes preparadas antes de o universo existir. Abigail Dodds é uma voz comprovadamente verdadeira em meio ao atual burburinho sobre aconselhamento para mulheres. A sua paixão é que a mulher ame ser centrada em Deus, exaltadora de Cristo e saturada pela Bíblia. Esse não é o retrato de feminilidade que o mundo pinta. Sendo assim, ela não nos chama a algo fácil, mas a algo que exige coragem. Espero que você considere esse desafio.

John Piper, Autor, fundador do desiringGod.org; chanceler e professor do *Bethlehem College and Seminary*

Mulher (a)típica lembra às leitoras a romperem com o modelo de estereótipos cristãos enquanto resistem às ideias falsas e relativistas do mundo. Esta leitura é profunda, provocante e nos desafia a encontrar nossa identidade somente em Cristo.

Emily Jensen e **Laura Wifler**, Cofundadoras do blog *Risen Motherhood*

Abigail Dodds apresenta uma abordagem de feminilidade centrada no evangelho e saturada pelo evangelho. Ela nos aponta para nossa identidade em Cristo e nos encoraja, desafia e exorta a viver à luz de nossa união em Cristo. Este livro é para qualquer mulher, em qualquer estação da vida.

Kristin Scmucker, Autora de estudos bíblicos; fundadora e diretora do *The Daily Grace Co.*

Toda mulher cristã se beneficiará da leitura de *Mulher (a) típica*. Neste livro, Abigail Dodds corrige, com brandura, as crenças falsas a respeito da feminilidade, encorajando-nos a abraçar o verdadeiro plano de Deus para as mulheres cristãs ao centrar todo nosso ser em Cristo. As palavras de Abigail me renovaram e encorajaram não somente a abraçar mas, de fato, a ter prazer em ser planejada como mulher de Deus.

Hunter Beless, Apresentadora do podcast *Journeywomen*

Nossa geração sofre de amnésia. Não lembramos quem somos ou por que fomos criadas, e por isso, tristemente, nos acomodamos a uma realidade distorcida. Este livro é um elixir contra a terrível doença que nos faz esquecer de quem somos como mulheres e sobre o que realmente trata a nossa feminilidade; é um lembrete atual da verdade para mulheres que vivem numa geração de esquecidos. Em *Mulher (a)típica*, as palavras de Abigail Dodds estão repletas de graça e grande discernimento. Convido você a ler e descobrir ou recordar essa verdade.

Betsy Gómez, Blogueira do ministério hispânico *Revive Our Hearts*

ABIGAIL
DODDS

MULHER (A)TÍPICA

Livre, plena e chamada em Cristo

D642m Dodds, Abigail, 1981-
Mulher (a)típica : livre, plena e chamada em Cristo / Abigail Dodds ; [tradução: Elizabeth Gomes]. – São José dos Campos, SP: Fiel, 2021.

Tradução de: (A)Typical woman : free, whole, and called in Christ.
Inclui referências bibliográficas.
ISBN 9786557230206 (brochura)
9786557230213 (epub)

1. Mulheres – Aspectos religiosos – Cristianismo. 2. Mulheres cristãs – Vida religiosa. I. Título.

CDD: 248.843

Catalogação na publicação: Mariana C. de Melo Pedrosa – CRB07/6477

MULHER (A)TÍPICA;
Livre, plena e chamada em Cristo

Traduzido do original em inglês:
(A)Typical Woman:
Free, Whole, and Called in Christ

Copyright © 2019 por Abigail Dodds

∎

Publicado originalmente por Crossway
1300 Crescent Street
Wheaton, Illinois 60187

∎

Copyright © 2018 Editora Fiel
Primeira edição em português: 2021

Todos os direitos em língua portuguesa reservados por Editora Fiel da Missão Evangélica Literária

PROIBIDA A REPRODUÇÃO DESTE LIVRO POR QUAISQUER MEIOS SEM A PERMISSÃO ESCRITA DOS EDITORES, SALVO EM BREVES CITAÇÕES, COM INDICAÇÃO DA FONTE.

∎

Diretor: Tiago Santos
Editor-chefe: Vinicius Musselman
Editora: Renata do Espírito Santo T. Cavalcanti
Coordenação Editorial: Gisele Lemes
Tradução: Elizabeth Gomes
Revisão: Patrícia Carvalho
Diagramação: Rubner Durais
Capa: Rubner Durais

ISBN Impresso: 978-65-5723-020-6
ISBN e-Book: 978-65-5723-021-3

FIEL Editora

Caixa Postal 1601
CEP: 12230-971
São José dos Campos, SP
PABX: (12) 3919-9999
www.editorafiel.com.br

Porque morrestes, e a vossa vida está oculta juntamente com Cristo, em Deus. Quando Cristo, que é a nossa vida, se manifestar, então, vós também sereis manifestados com ele, em glória. (Cl 3.3-4)

Para meus filhos, minha alegria: que Cristo seja a sua vida. E para Tom, nossa âncora e nosso vento.

Sumário

Introdução 9

Primeira Parte: Integralmente Mulheres – Em Cristo

1. O significado das palavras: *cristã* e *mulher* 19
2. O fim é o começo 29
3. Inteiramente mulheres 39
4. Mulheres bíblicas 55
5. Mulheres em seus corpos 61
6. Mulheres (a)típicas 79

Segunda Parte: Mulheres Em Tudo Que Fazemos – Em Cristo

7. Mulheres transformadas 89
8. Mulheres solteiras 97
9. Mulheres casadas 105
10. Mulheres mães 119
11. Mulheres trabalhadoras 131
12. Mulheres discipuladoras 141

Terceira Parte: Mulheres Destemidas E Livres — Em Cristo

13 Mulheres fortes e fracas 151
14 Mulheres dependentes 161
15 Mulheres afligidas 169
16 Mulheres livres 181
17 Cristo infinito em mulheres finitas 195

Agradecimentos 203

Introdução

> Atenta para o ministério que recebeste no Senhor, para o cumprires. (Cl 4.17)

Meu nome é Abigail, nome dado a mim por meu pai. Sou a caçula de quatro filhos nascidos e criados no sudeste do estado de Iowa. Meus pais nos criaram numa pequena igreja batista, onde escutei o evangelho (repetidas vezes ao longo dos anos), arrependi-me e cri por volta dos doze anos de idade. Fui batizada e discipulada. Nunca conheci outra vida que não fosse de serviço a Deus. Com isso, quero dizer que, embora meus pais nunca tenham sido funcionários de uma igreja, eles serviram ao Senhor em tudo o que faziam, dentro e fora da igreja.

Digo isso para que você entenda por que eu me entregaria à tarefa de escrever um livro sobre o que significa ser uma mulher cristã. Afinal, toda mulher que se dispõe a escrever sobre feminilidade cristã deveria ter a vida resolvida (risos) ou ser faminta por punição. Quando cogitei pela primeira vez em escrever um livro, lembro-me do pensamento que me veio à cabeça: "Desde que não seja sobre o que significa ser mulher! Isso é algo que eu jamais escreveria!". Você já viu um assunto tão recorrente, mal comentado, idolatrado, marginalizado, criticado e generalizadamente confuso quanto feminilidade? Bem, existem outros assuntos igualmente atacados. Mas este ainda está no topo da lista.

Que direito tenho eu de entrar nessas águas? Não tenho direito. Como meus pais antes de mim e meus filhos depois de mim, simplesmente tenho recebido alguns dons. Não são dons que eu escolhi, tampouco os ganhei por merecimento. Primeiro, recebi o dom de pertencer a Deus por meio de Jesus e depois, o dom de ministério que ele dá a todo crente, em suas diversas formas. Na minha vida, esse ministério é o de escrever e ensinar a outras mulheres. Este livro faz parte do meu serviço, meu chamado, minha alegria e do desenvolvimento da minha vida em Cristo.

Trata-se de um livro simples, escrito por uma mulher simples, que escreve enquanto está em campo, participando do jogo. Os capítulos que você está prestes a ler foram escritos em tempo real enquanto eu enfrentava questões reais sobre o que significa ser mulher cristã, com angústia ocasional, momentos tensos e frustrações; com a mente no livro de Deus enquanto minhas mãos serviam à minha família e tentavam pôr em prática o que eu aprendia, mas nem sempre compreendia completamente. Foram escritos com interrupções quase constantes e o recorrente apagar dos aplicativos da mídia social do meu telefone. Foram digitados com massa de pão debaixo das unhas, e revisado em meio a conflitos, arrependimento e perdão. Não é um livro de ideias abstratas, mas de uma vida real, suada, de olhos nos olhos.

Também foi escrito com crescente gratidão, pujante paz e extasiante adoração, vendo o que Deus fez ao nos criar mulheres e nos chamar para si. Foi escrito em meio aos riscos que surgem quando sei que Deus realmente está no controle – quer eu entenda plenamente os seus caminhos quer não. Não escrevi um manifesto, e sim, meditações sobre um tema. Meu objetivo é compreender o que é ser uma mulher cristã, conforme Deus nos tem revelado por meio de sua Palavra e do mundo – ou seja, entender a feminilidade conforme criada em Jesus e para Jesus. Sendo assim, cada capítulo se sustenta ao tratar de um aspecto desse assunto, e todos os capítulos se juntam para dar forma ao nosso entendimento sobre mulheres cristãs que são mulheres integralmente cristãs (primeira parte), em tudo que fazem (segunda parte), e que são destemidas e livres em Cristo (terceira parte).

Não domino o conteúdo deste livro. Não, mas estou no processo de ser dominada por ele, na medida em que expressa a realidade e a verdade que afinal, eventualmente, terão domínio sobre todas nós. Escrevi o livro de que preciso – razão pela qual, de vez em quando, você ficará arrepiada. Descobri que a graça não é algo que eu não possa dar a mim mesma aliviando a minha própria barra, ou pedindo aos outros que a aliviem. Não é em mim mesma que devo buscar graça. Mas administrar a graça de Deus que encontro *em Cristo* é muito melhor do que poupar a mim mesma. Com Cristo, verdades duras de arrepiar se tornam remédios que dão vida.

Algumas partes deste livro foram inspiradas tanto positiva quanto negativamente por ensinamentos atuais sobre o assunto nos círculos cristãos – alguns que glorificam a mulher por ser mulher, outros que diminuem o valor da mulher, enquanto muitos colocam tudo em compartimentos estanques. Percebi que compartimentar a feminilidade, (em que ser mulher é entendido apenas como alguns ideais femininos), é catalizador errôneo de sua glorificação (V*amos fazer da feminilidade toda a nossa vida!*) bem como de rebaixamento (*Vamos subir além da feminilidade como seres humanos importantes, não mulherezinhas tolas!*). Mas quando entendemos o ser mulher como uma realidade plena que se encontra em nossas mãos e pés tanto quanto em nossos úteros e seios, começamos a enxergar nossa condição de mulher, tanto nos textos das Escrituras quanto no texto de nossas vidas, por meio da cruz – por meio do próprio Cristo. Quero que as mulheres estejam em paz como mulheres, sendo gratas por terem sido criadas mulheres, vendo tudo isso como parte essencial da missão e obra de Cristo.

Também espero que este livro seja uma ferramenta de discipulado e crescimento no Senhor para mulheres jovens e maduras bem como para qualquer pessoa que o pegue para ler. Ao mesmo tempo que procuro ajudar, não posso substituir os seus irmãos e suas irmãs em Cristo. É nesse contexto – de relacionamentos, prestação de contas, autoridade e comunidade – que ferramentas como este livro encontram feliz e útil guarida.

Entramos num relacionamento de confiança entre autora e leitora. Certamente é um tipo de confiança limitada, precisamente porque muitas de vocês não me conhecem e eu não as conheço, e porque toda confiança humana é limitada. Temos apenas uma pessoa completamente confiável em nossa vida: o Deus triúno. Contudo, a confiança humana é necessária e deverá estar presente em nossos relacionamentos enquanto imitamos o nosso Salvador e buscamos andar juntas em sua luz. Assim, ao entrar nesse pacto de confiança com você, leitora, quero ser clara quanto ao que estou pedindo. Peço mais que um envolvimento passivo. Peço que, nos próximos dezessete capítulos, você tenha discernimento bíblico e disposição para manter presos os seus "bichos de estimação". Confesso que eu mesma tenho muitos "pôneis" prediletos, muitas preferências que tentei usar como modelos de piedade, mas não deram certo. Isso só nos leva a reformular Deus à nossa própria imagem. Algo que seria mais assustador do que qualquer coisa que Deus peça de mim.

Muitas pessoas buscam uma abordagem nova, um novo jeito de pensar sobre alguma coisa, alguma singularidade ou nicho diferente. Mas se você viver bastante tempo, perceberá que a novidade nem sempre é uma virtude. Novidade causa o câncer: células mutantes fazem aquilo que não deveriam fazer. Novidades geram anormalidades e deficiências dos genes – uma realidade que conheço bem. No mundo das ideias, muitas vezes as novidades são apenas ignorância fantasiada de todas as más ideias que já foram testadas antes. Novidades levam a heresias e ensinamentos falsos. Novidades levam à tentativa de parecer descolada e única, exatamente o que todo mundo está fazendo e sempre fez. Estou procurando algo estabelecido e confiável. Encontro isso em Deus e em sua Palavra, o único jeito de sermos renovadas por um Deus imutável e seu antigo livro.

Não pretendo que este livro seja novidade. Mas noto que, em nossa distração e obsessão por tendências, muitas vezes a antiga verdade é esquecida. Quando a ressuscitamos, ela nos parece novidade. Se este livro lhe parece uma informação nova, não é porque inventei uma novidade; é porque nós nos esquecemos das coisas básicas ou elas nunca nos foram ensinadas. Quando recebemos a realidade de Deus no evangelho, as realidades da vida em Cristo para nós, mulheres, começam a tomar forma. É isso que quero examinar com você. Espero que aprendamos, com o poeta George Herbert, a viver aqui na terra com um olho no céu e a certeza de que nossas vidas estão escondidas em Cristo (Cl 3.3). Olhe e veja a si mesma lá.

Minhas palavras e meus pensamentos,
ambos expressam essa noção
de que a vida tem junto ao sol um movimento duplo.
O primeiro é reto e nosso amigo do dia a dia:
o outro é escondido, e dobra-se obliquamente.
Uma vida é envolta em carne, e tende à terra;
a outra se envolve na direção dele cujo feliz nascimento
ensinou-me a viver aqui para que ainda um olho
mire e tenha como alvo aquilo que está acima –
findando, com meu trabalho diário, todo meu prazer
para obter, na ceifa, um tesouro eterno.[1]

---

[1] George Herbert, "*Colossians 3:3 Our life is hid with Christ in God*," George Herbert: Complete Poetical Works (Delphi Classics, 2015).

PRIMEIRA PARTE

INTEGRALMENTE MULHERES – EM CRISTO

No princípio era o Verbo, e o Verbo estava com Deus, e o Verbo era Deus. Ele estava no princípio com Deus. Todas as coisas foram feitas por intermédio dele, e, sem ele, nada do que foi feito se fez. (Jo 1.1-3)

1
O significado das palavras: *cristã* e *mulher*

> E, assim, se alguém está em Cristo, é nova criatura; as coisas antigas já passaram; eis que se fizeram novas. (2Co 5.17)

> Criou Deus, pois, o homem à sua imagem, à imagem de Deus o criou; homem e mulher os criou. (Gn 1.27)

A linguagem tem a tendência de mudar e se transformar com o tempo. Isso não é necessariamente uma coisa ruim. Novas palavras são criadas e outras saem de moda; uma pessoa perguntando "Qual é a sua graça?", no século dezoito, hoje em dia diria: "Qual é o seu nome?" ou "Como você se chama?". O significado não ficou perdido com a mudança. Mas nem tudo na linguagem pode ou deve mudar. Existem algumas palavras que Deus nos deu as quais devemos segurar firmes. São as suas palavras para designar certas coisas. *Cristã* e *mulher* são dois vocábulos assim. Não há dúvida de que ambos se encontram em dias difíceis.

Alguém poderia escrever sobre inúmeras outras palavras que Deus nos deu – por que eu escolhi essas duas? Suponho que seja devido à sua relevância para mim, e o quanto tive que caminhar para compreendê-las, mesmo as vivenciando – e o quanto ainda terei que caminhar. Quando Deus nomeia alguma coisa, ele a imbui de seu significado criado e designado, e é temerário passar a mudar o nome ou o significado de algo criado por Deus. Ele me chamou de "cristã" e de "mulher". Se você estiver lendo este livro, é bem provável que ele também a tenha chamado pelos mesmos nomes.

Cada vez mais, encontro mulheres cristãs que desconhecem a amplitude e a profundidade desses termos, e como eles se relacionam. Elas se acomodam a caricaturas, sombras e distorções. Enquanto cresço na compreensão dos dois termos, descubro que, mesmo sendo possível ser mulher sem ser cristã, para mim, não é possível ser cristã como qualquer outra coisa que não mulher. Isso pode ser ridiculamente óbvio, mas vivemos em uma época em que o óbvio é obscuro.

Mesmo entre aqueles que se chamam "cristãos" pode haver confusão em suas mensagens sobre o significado dessas palavras em artigos, livros, palestras para mulheres e até sermões. Alguns concordam entre si; outros discordam veementemente. Como discernir essas conflitantes mensagens entre os cristãos? Como agarrar aquilo que é verdadeiro e deixar voar com o vento a palha fina? Só conheço uma maneira: com a sabedoria dada pelo Espírito Santo de Deus, através da dosagem potente da Palavra de Deus no meio do povo de Deus. Se nossas convicções e nossas vidas não forem sopradas pelo Espírito de Deus e arraigadas em sua Palavra, estaremos confusas com a massa de mensagens bem articuladas, engraçadas e apelativas que chegam até nós. É provável que giremos em torno das que mais se aproximam de nossas preferências pessoais ou de nossas tendências pecaminosas.

Coragem com o mundo ou com a Palavra?

Em parte, sinto-me aflita com o estado das mulheres cristãs. Vejo mulheres que abandonaram a razão, sua agência moral e sua coragem temente a Deus para seguir gente que lhes diz exatamente o que elas querem ouvir (mensagens fortemente semelhantes às tendências de nosso tempo), frequentando igrejas-clubes na internet e postando ditames de meias-verdades nas redes sociais. Vejo conferências de mulheres repletas de personalidades com quem elas conseguem se relacionar, monólogos promotores de divisão e novas falsas doutrinas que, na verdade, são tão velhas quanto o jardim do Éden e a própria Eva.

Elas reverenciam uma bravura autoestilizada que não tem nada de bravura, "corajosamente" chamando o pecado de belo, concordando totalmente com o mundo em vez de se firmarem com a minoria das pessoas que creem na Bíblia e precisam se manter estáveis e fiéis em meio ao tornado cultural de cada época. O seu ídolo é a empatia; os sentimentos são o novo Baal. Elas imaginam que a tristeza e o distanciamento de outros cristãos sejam evidência de sua solidariedade com Jesus, quando, na realidade, são fruto de uma amizade desesperada e impossível com o mundo, da qual aos filhos de Deus é proibido participar. Não devemos nos surpreender com isso, não só porque somos todos pecadores, mas também porque, em alguns lugares, a igreja tem-se tornado um lugar para os perfeitos em vez de ajuntamento dos necessitados. Isso ressoa como nota dissonante no coração de muitas mulheres, fazendo com que busquem novas interpretações da verdade. Vamos chamá-las de volta para casa. Não para os túmulos vazios, culturalmente cristãos, chamados de "igreja" – polidos por fora, porém mortos por dentro – mas para Jesus, o incomparável, sem falsos comprometimentos, verdadeiro pastor das ovelhas.

Mas, em parte, sou encorajada pelas mulheres que aparecem para estudar a Palavra de Deus semana após semana; mulheres jovens, cansadas de serem enganadas, sabedoras de que uma meia-verdade é mais perigosa do que uma mentira descarada, e que se recusam a permanecer infantis em seu pensamento. Sou encorajada por mulheres que, em vez de seguirem seus sentimentos, conduzem-nos pelo som da voz de Deus na Bíblia. Este livro é para elas. É também para o restante de nós, que precisamos de um curso de reciclagem que sopre o ar do evangelho em nossos corações viciados, lembrando-nos de como é a vida em Cristo como mulher.

Para algumas pessoas, *cristão* não significa nada mais que ter nascido ao sul da linha Mason-Dixon dos Estados Unidos a pessoas que costumavam frequentar a igreja e que têm uma placa de família em um banco de igreja por aí para provar isso. De onde eu vim em Minnesota, ser cristã significa ser boazinha e indireta, jamais discordando das pessoas exceto sob a capa de agressividade passiva. Muitas de nós optamos por adjetivos que deem clareza à palavra *cristã*, como *séria*, *crente na Bíblia*, *nascida de novo*, *evangélica*, *reformada* e assim por diante. Algumas jogam a palavra no lixo e procuram encontrar um sinônimo que soe agradável.

Apagando as mulheres

A palavra *mulher* é igualmente, se não mais, perturbadora. Em nossa sociedade, ser mulher baseia-se cada vez mais no senso que temos de nós mesmas, em vez de no que Deus determinou que fôssemos. Então é difícil saber o que essa palavra realmente significa apenas pelo termo. Entre algumas feministas, uma mulher é alguém com poucas diferenças significativas, se é que existem, do homem – exceto pelo fato de que ela provavelmente vê as mulheres como vítimas da "sociedade de gênero".² Sua biologia tem pouca ou nenhuma significância; sua mente é tudo – como se nossas mentes femininas pudessem superar o gênero, o que até mesmo a ciência secular nos lembra de que não é o caso.³ Esse eco do gnosticismo torna irrelevante o corpo e assume um ditame da mente acima da matéria.⁴

O que nos sobra é uma mulher cujo intelecto está separado do corpo, a qual tenta ignorar as realidades físicas e biológicas. Isso pode ser a razão pela qual elas procuram obter lugar em times esportivos masculinos, com a crença absolutista de que podem ser qualquer coisa que quiserem. Isso também explica aquelas, talvez poucas, que estão ansiosas por uma posição de combate militar. E até mesmo mostra por que mulheres inteligentes tentam

---

2 Reconheço que o termo feminista significa coisas diferentes para pessoas diferentes. Nem toda feminista autodescrita concordaria com o que apresentei aqui, mas acho que essa generalização permanece. O que quero dizer com "vítima da 'sociedade de gênero'" é alguém que acredita que a cultura e a natureza impuseram, de fora, sobre ela ideias nocivas quanto ao gênero e à sexualidade. Geralmente ela vê o sexo biológico como uma realidade separada do gênero, mas ambas como realidades fluidas, que podem ser mudadas. A visão cristã não distingue gênero de sexo, e os entende a ambos como realidades fixas e designadas.

3 Larry Cahill, "*Equal ≠ The Same: Sex Differences in the Human Brain*," The Dana Foundation, acessado em 13 de julho de 2018, www.dana.org/Cerebrum/2014/Equal_%E2%89%A0_The_Same__Sex_Differences_in_the_Human_Brain/.

4 *Gnosticismo* é uma heresia do segundo século que via as coisas materiais do mundo e a carne como sendo más, e aquele conhecimento especial dado diretamente por Deus e afastado do evangelho como chave para iluminação e salvação.

se desligar de seus corpos, a fim de utilizá-los para o sexo, dinheiro e poder.

O pensamento transgênero vai ainda além, não ignorando a realidade, mas a redefinindo ativamente. Para algumas pessoas que se consideram transgêneros, (um exemplo bem conhecido foi a mudança de Bruce Jenner para Caitlyn), tornar-se mulher pode significar usar roupas femininas, fazer cirurgias plásticas para construir uma anatomia de mulher, tomar hormônios e drogas para suprimir outros hormônios e falar com voz feminina macia, com uma afeição hiperfeminina. Em outras palavras, e sem ironia, ser mulher muitas vezes é o oposto daquilo que isso significa para feministas modernas.

Já para algumas feministas mais antigas, é alarmante que seus esforços a fim de tornar o mundo melhor para as mulheres acabaram dando lugar a um movimento que procura aniquilá-las totalmente. Contudo, a geração mais jovem parece não se importar com isso e é rápida em fazer a ponte entre o feminismo e o movimento de transgeneridade. Assim, a expressão de transgeneridade de Bruce Jenner (um homem tornar-se superfeminino de maneiras principalmente superficiais) está menos em voga do que o próximo passo lógico da ageneridade, ou seja, a identidade gênero-queer.[5] Um detalhe que temos

---

[5] *Genderqueer ou Gênero-queer* significa que homens ou mulheres não se identificam como sendo exclusivamente homens ou mulheres. Isso engloba desde quem possui múltiplas identidades de gênero até os que não têm nenhuma identidade de gênero.

que observar é que o movimento de fluidez de gênero em todas as suas formas fere as mulheres e as crianças. Também fere os homens. Mas é insidioso no modo como remove a proteção e acrescenta vulnerabilidade às mulheres e às crianças. A tentativa de abolir e ofuscar os gêneros vai falhar, pois a natureza – ou seja, o mundo de nosso Pai celestial – tem um jeito de ser implacável. Mas, na tentativa, muitas mulheres estão sendo e serão prejudicadas por si mesmas e por outros.

Pecado reciclado, história repetida, Cristo imutável
Tais ventos culturais não devem nos chocar nem produzir reações de pânico como se o pecado, especialmente o pecado sexual, fosse ideia nova ou estrangeira. Tem existido desde o início. A minha própria pecaminosidade e a minha inclinação para o mal garantem que eu tenha compaixão por aqueles que ainda não receberam Cristo como seu Senhor e estão andando nas trevas (Ef 2.1-3). A dor e a confusão experimentadas por homens e mulheres quando gastam suas vidas algemadas por seu sexo ou definidos por sua orientação sexual e fixação indesejada em um senso interno de gênero devem assegurar nossa ação de levar o evangelho a eles. A dor e a confusão que todos experimentamos antes de virmos a Cristo está inextricavelmente ligada ao nosso ódio e à nossa rejeição a Deus, o que é também um tipo de ódio de nós mesmos. Odiamos o que Deus fez – ele nos fez de modo específico, mas

queremos criar e inventar a nós mesmos (Rm 1.24-25). O evangelho é a única esperança de paz para todos nós.

Dentro do cristianismo, vemos também algum movimento para definir o ser mulher como um papel que exercemos em vez de uma categoria ontológica da pessoa em sua totalidade.[6] É como se relegássemos nosso sexo ao útero e às partes unicamente femininas, do mesmo modo como relegamos nossa feminilidade às passagens da Escritura que falam diretamente às mulheres em vez de entendermos que os cromossomos XX passam por cabeça, ombros, joelhos e pés – e que somos sempre tratadas como mulheres, quer direta quer indiretamente, em um sentido amplo, por toda a Escritura.

Graças a Deus, a sua palavra falada, a Bíblia, e a sua palavra falada na criação dão substância a essas palavras – *cristã* e *mulher* – com toda precisão e clareza de que o mundo, que fechou os olhos para "as coisas que foram criadas" (Rm 1.20), precisa. Ambas têm feito isso no decorrer dos séculos, implacáveis como novas ondas do chamado choque de "iluminação" contra sua costa imutável.

Se as raízes de nossos ideais para a mulher cristã forem encontradas em uma utopia imaginária suburbana dos anos de 1950, ou no orgulho da era antes da Guerra Civil, ou na inteligente Lizzy Bennet, de Jane Austen, ou no feminismo reacionário, ou em centros urbanos voltados para a carreira profissional, ou em qualquer outro

---

6 Ontológico significa "pertencente à natureza da existência." Em outras palavras, nosso ser feminino é mais que um papel; ele incorpora todo nosso ser.

lugar que não seja em um único homem, Jesus Cristo, o fruto da nossa árvore será podre. Só existe uma semente da qual as mulheres cristãs podem crescer, e essa semente não é o idealismo norte-americano; é a semente imperecível de Cristo, que é capaz de crescer em todo lugar e em todos os povos do mundo.

Nosso cristianismo e nossa feminilidade são duas coisas que não vão desaparecer. Você não acha que vale a pena gastar nosso tempo para tentar compreendê-las do modo como Deus as compreende?

Perguntas para discussão
1. Como você entende a palavra *cristã*? Na sua opinião, quem e o que a definem?
2. Como você entende a palavra *mulher*? Na sua opinião, quem e o que a definem?
3. Como a cultura ao seu redor define essas palavras? Essas definições estão de acordo com as definições de Deus?

2
O fim é o começo

Ele é antes de todas as coisas. Nele, tudo subsiste.
(Cl 1.17)

[...] assim como nos escolheu, nele, antes da fundação do mundo. (Ef 1.4)

Quando a maioria de nós veio a Cristo, sabíamos relativamente pouco a respeito dele. É provável que nem tenhamos lido toda a Bíblia. Mas o que sabemos é que ela são boas-novas indescritíveis, e isso basta para assegurar a nossa eterna devoção.

O que conhecemos quando nos convertemos é o final da história, no que concerne à Bíblia. Conhecemos o evangelho, que se descortina completamente na última terça parte da Escritura. Mesmo aquelas de nós criadas na Escritura, quando viemos a Cristo, nossa vinda ainda estava localizada no final do livro. Ao nos descobrirmos novas, renascidas e em Cristo, tendo começado pelo final, voltamos para o início e aprendemos ou reaprendemos tudo sobre a história de Deus – sua criação, seu plano, suas promessas – que agora se tornou a nossa história. Lemos como Cristo estava lá desde o princípio, e que Deus fez tudo por meio de Cristo (Jo 1.1-3), como fomos escolhidas em Cristo antes da fundação do mundo (Ef 1.4), como Cristo estava em todo lugar (Lc 24.27) – surgindo visível e invisivelmente – e como essa é agora a história da *nossa* família. É como quando as crianças pedem para ouvir a história de quando nasceram e como seus pais e avós se conheceram. Elas precisam que alguma outra pessoa relate a história ou lhes mostre os álbuns de fotografias ou livros de quando eram bebês. E elas nunca, jamais, se cansam de ouvir essas histórias.

Sendo assim, antes de nos entendermos primeiramente como mulheres, e tudo o que isso significa, e depois como cristãs, o processo, na verdade, acontece da maneira oposta. Sem Cristo, podemos até saber o que devemos ser como mulheres pelos sinais claros dados na criação e em nossos corpos criados. Mas não teremos condições de ser o que devemos ser. Mais que isso, estaremos em guerra contra Deus e contra toda a sua criação. Primeiramente precisamos encontrar-nos em Cristo, a fim de recebermos, felizes e com humildade, a revelação do mundo de Deus e de sua Palavra. Nunca conseguiremos vir ao Antigo Testamento, até mesmo ao relato da criação, esperando compreendê-los corretamente sem antes termos a revelação de Jesus Cristo. Afinal de contas, é sobre ele que trata todo o livro. Dessa forma, é por ele que começamos.

O evangelho de Jesus Cristo é algo que uma criança pequena pode entender, mas suas ramificações e complexidades são inesgotáveis. Resumidamente, Deus, que criou todas as coisas e todas as pessoas (Gn 1.1), enviou seu Filho (1Jo 4.14), que também é Deus (Jo 8.58), à terra, para nascer como um homem chamado Jesus (Mt 1.21). Ele fez isso por causa de seu grande amor por nós (Ef 2.4), porque nosso pecado nos havia tornado seus inimigos; seu filho Jesus veio para nos dar paz com Deus (Rm 5.1-10). O modo pelo qual Jesus fez essa reconciliação foi através de uma vida santa, perfeita e sem pecado (2Co 5.21), para então ser crucificado por pessoas ímpias como nós, morrendo uma morte terrível na cruz (Lc 23). Quando ele morreu, levou sobre si o castigo pelos pecados de todos que nele confiam—no passado, presente ou futuro (Rm 3.21-26). Ele foi sepultado em um túmulo e, três dias depois, Deus o fez ressurgir da morte, e ele apareceu a muitos em seu corpo ressurreto (At 2.32; 1Co 15.6). Então Deus o fez subir ao céu, onde Cristo está agora assentado à destra de Deus Pai (Lc 24.51; Cl 3.1).

Todos que se arrependem de seus pecados, morrem para si mesmos e creem nele, recebem a vida eterna e a justiça de Cristo (Lc 24.47; Rm 6.5-14). Também lhes é dado o Espírito Santo de Deus, enviado como nosso ajudador para nos guiar na verdade (Jo 14.16-17). Mesmo nesta vida, vivemos em Cristo, que venceu a morte, como se a eternidade já tivesse começado (Cl 3.3-4). Somos transformados, novinhos em folha e nascidos de novo (2Co 3.18; 2Co 5.17; 1Pe 1.3).

Esse é o evangelho. É o final da história — exatamente onde todas as boas histórias realmente começam.

Uma cebola ou uma macieira

Existe, porém, um verdadeiro risco, mesmo quando abraçamos o evangelho, de torná-lo uma história que trata principalmente de nós mesmos. *Nossa* autodescoberta, *nossa* jornada, *nossa* vitória. Nós, cristãos, temos a tendência de colocar todo o evangelho dentro de um único curto ato de uma peça teatral que apenas dá destaque à história maior em que nós somos as estrelas. Todo mundo anseia por autoconhecimento: "Quem sou eu?" ou, para alguns, "O que é tão especial a meu respeito?". E temos a tendência de tornar essas perguntas os pontos centrais do enredo de nossas vidas.

O processo de descoberta muitas vezes parece uma tentativa de entrar por nosso umbigo e olhar o interior através de quaisquer rachaduras que houver. Talvez então saberemos quem somos e porque somos especiais. Pensamos em nós mesmos como uma cebola de muitas e muitas camadas e, ao descascá-las, ficamos encantadas como o Sr.Tumnus em A *Última Batalha*, de C.S.Lewis: "Sim," disse Sr.Tumnus, "como uma cebola," exceto pelo fato de que, enquanto você continua descascando, cada camada é maior do que a anterior".[7] Mas em vez de estarmos na verdadeira Nárnia, contemplando glória cada vez melhor, somos cativados completamente pelo ídolo da sujeirinha que existe no umbigo do eu. Mesmo as pessoas que não gostam de si mesmas muitas vezes são cativadas pela fixação do *eu*.

A inundação de testes de personalidade na internet é suficiente para nos manter olhando para o nosso próprio umbigo dias sem fim. Descobrimos qual princesa da Disney combina melhor com a nossa disposição, se somos introvertidas ou extrovertidas e as múltiplas maneiras pelas quais fomos incompreendidas como resultado disso. Podemos descobrir nossa força e aprender que o nosso tipo Myers-Briggs nos coloca no um por cento das personalidades raras! Ainda mais, podemos compartilhar nosso autoconhecimento recém-descoberto com todos os nossos amigos do Facebook, para que esses também nos curtam. Suponho que podemos chamar isso de contemplação interior do umbigo. Mas o verdadeiro autoconhecimento vem quando, olhando para fora e não para dentro, conhecemos Deus.

De que maneira reconhecemos acertadamente as verdadeiras categorias existentes de nossas vidas, que nos tornam singularmente nós mesmas, sem nos envolver numa fixação narcisista do tipo "Dez coisas que todo introvertido precisa dos outros para ser feliz?" Realmente

---

7 C. S. Lewis, *A Última Batalha* (As Crônicas de Nárnia Livro 7), (São Paulo, SP: Martins Fontes, 2014).

somos compostas por algo – o somatório da vida que já vivemos, nossos papéis e talentos. Nesse esquema, nossas camadas de cebola podem incluir categorias como filha, irmã, amiga, vítima, mãe, esposa, solteira, divorciada, musicista, especialista em tal e tal coisa, comunicadora e assim por diante, dependendo do somatório das *suas* experiências de vida, *seus* talentos e papéis. Se você for cristã, pode ser que pense na camada mais fundamental ou cerne da cebola como sendo "cristã", e essa camada é o componente-chave de quem você é.

Mas considere outra ilustração.

Em vez de se imaginar como cebola autônoma sobre a prateleira da vida, composta de camadas complexas, considere uma macieira.

Uma semente caiu no chão e morreu. Daquela semente morta surgiu vida. Ela cresceu robusta e alta, arraigada e estabelecida. Naquela árvore estão os galhos, as folhas, os brotos e seus frutos. A semente que caiu na terra e morreu é Cristo. Quando nos tornamos cristãos, essa semente também somos você e eu, escondidas em Cristo, conectadas a todas as suas partes, a todo o seu povo. Não existem cristãos sozinhos sobre a prateleira; somente cristãos juntos, crescendo em Cristo.

Considerada morta

O problema com a nossa identidade é que pode ser que ela ainda não tenha morrido. Ainda pensamos em nós mesmas como nós. Posso ouvir as minhas próprias objeções que dizem: "Mas se eu não sou eu, quem eu sou então? Eu não tenho importância? E quanto à minha singularidade? O que dizer da vida que *só* eu vivi?" A resposta que encontro nas Escrituras é que tudo deve ser considerado morto.

Quando participamos da morte de Cristo, morremos em tudo. Não é que o nosso lado pecador morre e o lado não pecador permanece, de modo que do outro lado ainda somos nós, mas com uma reformulação. Não existe uma parte de nós não pecadora. E na outra parte, tendo sido ressuscitadas com Cristo, ainda não somos nós. Somos totalmente renovadas; estamos totalmente em Cristo.

John Bunyan explicitou isso melhor, em *O peregrino*: "Meu nome agora é Cristão, mas, antes, meu nome era Sem Graça."[8]

Assim, para uma mulher, isso quer dizer que ela morre como mãe, amiga, filha e colega de trabalho. A musicista, a especialista, a solteira ou divorciada, todas as coisas do nosso passado que fazem parte de quem somos, nossos talentos e nossa pessoa, tudo foi considerado morto, porque estava manchado pelo pecado, e agora está ressurreto como algo totalmente diferente. Somos agora amigas cristãs, filhas cristãs, esposas cristãs, solteiras cristãs e divorciadas cristãs. Somos mulheres cristãs. Não somos camadas a serem descascadas a fim de chegarmos à

---

8 John Bunyan, *O Peregrino* (São José dos Campos, SP: Editora Fiel, 2005).

essência; toda parte de nós é nova. Não precisamos chegar ao âmago de nós mesmas onde reside nosso ser cristão, porque o âmago é o inteiro. Toda a vida, por meio de, em e para Cristo (Cl 1.16).

Onde, não quem

A sua vida, porém, pode não lhe parecer como novinha em folha. Seu velho eu, o velho pecado e todas as suas experiências do passado poderão não lhe parecer transformadas em Cristo. Sim, o pecado ainda está por aí. Toda nossa vida é gasta nisto: tornarmo-nos aquilo que somos em Cristo. Ser azedinha e doce, crocante e suculenta como uma maçã deve ser. Ser uma mulher cujos cuidado e amor refletem o incansável cuidado e amor de Deus por nós. Ser uma amiga cujas lealdade e fidelidade refletem a lealdade de Cristo por seu Pai e sua fidelidade para fazer a vontade dele. Ser uma mãe cujas promessas são cumpridas e instruções são confiáveis, refletindo o Deus que sempre cumpre suas promessas e instrui seus filhos com toda paciência. Ser uma vítima cuja dor e cujo coração refletem o jeito pelo qual a dor e o coração de Cristo foram entregues ao Pai, carinhosamente cuidado e ouvido, mesmo quando o Pai ressuscitou da morte seu Filho.

Às vezes a pergunta não é *quem* sou eu, mas *onde* eu estou. Onde você está neste exato momento? Está em casa? No trabalho? No jantar? Lendo na cama? Na cafeteria, acessando a internet por telefone? Numa loja ou em um parque? Saiba disto: Onde quer que você esteja, o que quer que você esteja fazendo, qualquer que seja seu emprego ou trabalho, talentos ou papéis, você está em Cristo, e todas as coisas a seu respeito estão nele. Pertencem a ele. Estão em sua árvore. São para ele; são por ele.

Vamos nos libertar do desespero que advém de tentarmos encontrar a nós mesmas. Morra para essa pessoa, essa pequenez, essa futilidade. "Olhe para si," Lewis adverte, "e no final você só encontrará ódio, solidão, desespero, raiva, ruína e decadência. Mas procure Cristo e você o encontrará, e com ele, tudo mais."[9]

Perguntas para discussão
1. Você se considera cristã? Baseada em quê?
2. A sua vida é orientada por Deus, ou seja, por quem ele é, seu livro e seus caminhos? Ou é dirigida por você mesma e sua própria identidade?
3. Como você pode voltar seu foco para Deus e tirá-lo da fixação de si mesma?

---

9 C. S. Lewis, *Cristianismo Puro e Simples* (São Paulo, SP: Thomas Nelson Brasil, 2017).

3
Inteiramente mulheres

> Este é a imagem do Deus invisível, o primogênito de toda a criação; pois, nele, foram criadas todas as coisas, nos céus e sobre a terra, as visíveis e as invisíveis, sejam tronos, sejam soberanias, quer principados, quer potestades. Tudo foi criado por meio dele e para ele.
> (Cl 1.15-16)

Certa vez, Elisabeth Elliot disse: "Não quero que ninguém me trate como 'pessoa' *ao invés de* como mulher. As nossas diferenças sexuais são os termos da nossa vida e obscurecê-las de qualquer forma seria enfraquecer a própria tessitura da vida. Algumas mulheres imaginam carinhosamente um novo início de liberdade, mas isso, na verdade, é uma nova escravidão, mais amarga do que qualquer coisa da qual elas queiram se libertar."[10]

Elisabeth não tinha dificuldade para acertar na mira o tiro. Penso que ela estava certa porque, se tivermos de

---

10 Elisabeth Elliot, *Deixe-me Ser Mulher* (São José dos Campos, SP: Editora Fiel, 2021).

escolher entre sermos tratadas como pessoas *ou* mulheres, prefiro que seja como mulher, porque ser mulher *é* a expressão de nossa pessoalidade. Se eu for tratada como mulher, *estou* sendo tratada como pessoa. Mas se eu for considerada apenas como um ser humano ou uma pessoa, e, assim, me diminuírem ou me tornarem irrelevante, alguma coisa está errada.

Temos que cavar um pouco para compreender plenamente o que Elisabeth Elliot queria dizer e por que isso tem importância, enquanto simultânea e alegremente concordamos com Dorothy Sayers, quando afirma que as mulheres são, na verdade, humanas. Temos que voltar ao relato da criação:

> Também disse Deus: Façamos o homem à nossa imagem, conforme a nossa semelhança; tenha ele domínio sobre os peixes do mar, sobre as aves dos céus, sobre os animais domésticos, sobre toda a terra e sobre todos os répteis que rastejam pela terra. Criou Deus, pois, o homem à sua imagem, à imagem de Deus o criou; homem e mulher os criou. (Gn 1.26-27)

No relato dos seis dias da criação, vemos que Deus cria a humanidade. Conforme a sua imagem, fomos feitos homem e mulher. A humanidade é composta de macho e fêmea.

Deu nome o homem a todos os animais domésticos, às aves dos céus e a todos os animais selváticos; para o homem, todavia, não se achava uma auxiliadora que lhe fosse idônea. Então, o Senhor Deus fez cair pesado sono sobre o homem, e este adormeceu; tomou uma das suas costelas e fechou o lugar com carne. E a costela que o Senhor Deus tomara ao homem, transformou-a numa mulher e lha trouxe. E disse o homem: Esta, afinal, é osso dos meus ossos e carne da minha carne; chamar-se-á varoa, porquanto do varão foi tomada. (Gn 2.20-23)

Uma coisa óbvia nessas narrativas, mas que pode ser sutilmente ignorada em nosso desejo de viver como mais do que uma lista de ideais distintamente femininos, é que Deus cria o ser humano como homem ou mulher. Não fui feita principalmente humana, com um lado mulher. Minha humanidade não significa algo maior ou mais importante do que eu ter sido criada mulher; melhor, fui criada mulher como uma expressão da minha humanidade. Não existo, nem posso existir, exceto como mulher. E se você for mulher, o mesmo acontece com você.

Qual parte é humana? Qual parte é mulher?

Se você estiver tentada a acreditar que ser mulher é apenas um aspecto de você, só uma faceta de quem você é, e essa parte de você é mais do que isso, acima ou abaixo disso, melhor que isso, você estará pensando muito limitadamente sobre essas palavras. Você precisa de uma categoria maior para a criação de Deus que se chama "mulher".

Por que seria uma perda para mim ou para você sermos consideradas como um ser humano *em vez de* uma mulher? O ponto por trás da ênfase de nossa humanidade não seria mostrar que temos mais do que coisas exclusivamente femininas para oferecer? Algo mais profundo, como nossa mente e nossa personalidade? Não fomos criadas à imagem de Deus? Não somos também pessoas? Quero responder, com a Bíblia, sim, inequivocamente! Sim! Mulheres são pessoas! As mulheres são humanas! As mulheres são portadoras da imagem de Deus! Sou grata pelas mulheres cristãs que enfatizaram esse pensamento e, recentemente, o trouxeram à tona em lugares onde parecia estar totalmente esquecido.

Faz sentido que queiramos minimizar nossa feminilidade a uma parte, em lugar de vê-la como algo que engloba a totalidade, se a única forma de acolher o fato de sermos portadoras da imagem de Deus for enfatizar nossa humanidade, em vez de enfatizar a ideia criada pelo homem de uma mulherzinha confinada e definida somente por seu papel feminino. Em outras palavras, o que acontece quando temos um entendimento falso de tudo que realmente faz parte do ser mulher? E se estivermos igualando o ser mulher à nossa percepção de feminilidade ou a papéis específicos como esposa e mãe?

Teríamos trocado a plenitude da divina criação da mulher pelo pequeno estereótipo que temos dela. A semelhança entre a essência do homem e da mulher é notável, grande, completa, complexa e um mistério. Afinal, fomos tiradas do homem; somos feitas da mesma substância. Quando, no jardim, Adão viu Eva pela primeira vez, o seu deleite em sua semelhança se derrama em poesia: "osso dos meus ossos e carne da minha carne" (Gn 2.23). [11]

Sendo assim, porque vemos que há notável semelhança entre um homem e uma mulher, podemos erroneamente colocar isso na categoria de "ser humano" e relegar as partes distintas às categorias de "homem" e "mulher", em vez de nos vermos como inteiramente cristãs e inteiramente mulheres. Grande parte da nossa vida será gasta *como mulher* nos papéis e responsabilidades compartilhados entre homem e mulher.

Compartilhamos o domínio; somos coerdeiros e discípulos; ambos temos braços e mãos e podemos tirar a louça da máquina com talentos iguais. Mas isso não torna o que *nós* fazemos menos feminino ou apenas humano. Tiramos a louça da lavadora como mulheres. Isso muda como os pratos vão para os armários? Não, mas como algumas de vocês provavelmente conseguem atestar, sim. Lemos as notícias como mulheres. Vamos a reuniões

---

[11] Este é um artigo aplicável. Jen Wilkin, "*Are Compatibility and Complementarity at Odds?*". Jenwilkin.net, acessado em 13 de julho de 2018, www.jenwilkin.net/blog/2016/03/are-compatibility-and-complementarity.html?rq=complementarity.

como mulheres. Mandamos e-mails e nos comunicamos como mulheres. Podemos fazer tudo isso de maneira semelhante aos homens, mas, de alguma forma, isso não faz de nós apenas seres humanos. Simplesmente nos diz que as mulheres são pessoas fortes, capazes, assim como são os homens. Quando o meu marido troca uma fralda do nosso filho, ele continua sendo homem. Só porque a tarefa de trocar as fraldas frequentemente é desempenhada pela mãe, isso não faz dele uma mãe quando a realiza. Ele também não deixa sua masculinidade de lado quando o faz ou entra em um terceiro âmbito transcendente da humanidade. Ele troca a fralda como homem, porque é e sempre será um homem – um ser humano masculino.

O que a torna uma mulher de verdade?
Por que tudo isso é importante? Quem se importa se nos colocamos na categoria de principalmente humana e de mulher como uma faceta disso? Ninguém está negando sua condição feminina; só está procurando focar as coisas importantes, não apenas as coisas femininas. Concordo, em parte, com esse pensamento. Mas você já considerou que tudo que fazemos é feminino, não pelo tipo de atividade em que estamos envolvidas, mas precisamente porque somos mulheres exercendo essas atividades?

Minha melhor razão para afirmar que não devemos pensar no ser mulher apenas como uma faceta do que somos é porque Deus não faz isso, e tudo que Deus faz tem uma boa razão. *Ter sido criada mulher não é algo moralmente neutro*; é algo positivo. Quando Deus nos criou, ele nos chamou mulher e disse: "Muito bom" (Gn 1.31). Jamais indica que isso seja algo que devemos transcender por meio da nossa humanidade, porque nossa feminilidade *é* a nossa humanidade.

Quando escolhemos ver nossa condição feminina como apenas um aspecto de nós, tornamos esse aspecto pequeno e desprovido de glória, às vezes condenado à uma tola caricatura. Diminuímos a visão do que Deus criou; diminuímos a nós mesmas. Quando fazemos das partes distintas da condição feminina sua totalidade, mandamos uma mensagem confusa às nossas filhas e ao mundo. Estamos dizendo que ser mulher se limita a essas partes, ao invés de mostrarmos a amplitude e a profundidade de sermos inteiramente mulheres – mesmo nas áreas que são equiparáveis às dos homens. Sendo assim, se elas não gostam de bonecas ou nunca se casam, podem até pensar que sua feminilidade está morta. Com toda a confusão no mundo sobre isso, a igreja tem uma mensagem de esperança, clareza e amor: *Deus a fez mulher, e isso é muito bom*. Isso não se restringe à sua posição, ou profissão, ou ao fato de ter parido.

Uma visão errada da feminilidade se torna ainda mais complicada com a tendência dos cristãos de falarem sobre ser mulher *de verdade* ou ser homem de *verdade*. Em artigos, livros e outros meios de comunicação, com frequência os cristãos admoestam-se a serem homens e mulheres de verdade. É seu jeito de dizer: "Seja o que Deus a criou para ser" ou "Seja um homem *piedoso* ou uma mulher *piedosa*" — o que realmente é bom e necessário! Mas sem essa intenção, conclamar as pessoas a serem homens e mulheres de verdade pode passar a mensagem de que, se não agirem exatamente de certo modo, sua feminilidade ou masculinidade estará em jogo – que a criação por Deus de macho e fêmea depende da nossa capacidade de viver isso de maneira correta. Isso nos conduz exatamente ao pensamento transgênero. No modo transgênero de pensar, nosso ser interior é o que dita o que somos. No pensamento "homem *de verdade*" ou "mulher *de verdade*", os comportamentos e as atitudes corretas são o que formam aquilo que somos. Mas isso não é verdade. Nossas atitudes e nossos comportamentos indicam a quem nós adoramos, mas não podem ditar o que somos. Só Deus pode fazer isso.

O que nos torna verdadeiros, como homens ou mulheres, é o fato de que Deus nos criou homens ou mulheres, assim como o que nos torna cristãos de verdade é o fato de Deus nos ter feito cristãos ao nos vivificar em Cristo. Nos dois casos, não ganhamos isso por mérito, ou alcançamos por nossos próprios esforços ou por nos sentirmos de determinado jeito. *Ser cristã e ser mulher são ambas realidades graciosas, imutáveis, dadas e declaradas por Deus.*

Filhas no Filho

Quando baseamos nosso valor em determinada categoria transcendente da humanidade em contraposição à feminilidade, jogamos numa narrativa antimulher que vai contra o projeto muito bom de Deus. Por que não assumir a visão de Deus? Temos valor porque Deus nos fez *mulheres à sua imagem*, com todas as complexidades e semelhanças que isso implica. Inteiramente mulheres, inteiramente valiosas, inteiramente dele.

Quando era jovem, passava bastante tempo com minha melhor amiga, Lynette. As pessoas frequentemente a confundiam comigo porque, após passarmos muitos anos juntas, nosso jeito de ser se tornou muito parecido. Era frequente nós dizermos as mesmas coisas, na mesma hora, ou pensarmos as mesmas coisas. Mas isso não me tornava Lynette nem a tornava Abigail.

Do mesmo modo, podemos ter os mesmos pensamentos que alguns homens com a mesma acuidade e podemos fazer as mesmas tarefas com a mesma habilidade, mas as fazemos como mulheres e eles as fazem como homens. Restringir o chamado de qualquer um desses às suas distinções ou diferenças (que são reais e significantes) diminui o chamado de ambos. Os homens são chamados a treinar seus filhos; mulheres são chamadas para discipular as nações. Homens são chamados para praticar a hospitalidade; mulheres são chamadas para trabalhar com afinco como para o Senhor, e vice-versa.

Grande parte do nosso chamado como mulheres ou homens é intercambiável, mas nem tudo. Os chamados específicos à mulher incluem ser auxiliadora, esposa, mãe, ensinar e treinar outras mulheres, dar prioridade ao lar e mais (ver Gn. 2.18; Tt 2.3-5). Esses chamados não são a totalidade do nosso ser como mulheres; são *bons* destaques dele.

Não podemos relegar o ser mulher à berlinda da vida e usar o fato de sermos humanas para tentarmos sobrepujar o ser mulher. Em vez disso, vamos reivindicar o que somos e ter prazer no que somos, com tudo que flui disso *em Cristo*: santidade, mansidão, espinha dorsal de aço, destemor, amor, dar vida, força, fraqueza, obediência e muito mais. Tudo isso vem *do que somos*: mulheres cristãs.

O mundo precisa de nós. Precisa de mulheres que compreendem o privilégio e a glória de ser mulher. Precisa de mulheres que estão em paz com o corpo que Deus lhes deu, que não diminuem ou renegam aquilo para o qual foram criadas, ou, por extensão, o Criador. Que história Deus está contando! Eu, como uma dessas, sou grata por ser inteiramente mulher.

Tal compreensão de nós mesmas como inteiramente mulheres que estão inteiramente em Cristo torna preciosos, e não um problema, estes versículos:

> Pois todos vós sois filhos de Deus mediante a fé em Cristo Jesus; porque todos quantos fostes batizados em

> Cristo de Cristo vos revestistes. Dessarte, não pode haver judeu nem grego; nem escravo nem liberto; nem homem nem mulher; porque todos vós sois um em Cristo Jesus. E, se sois de Cristo, também sois descendentes de Abraão e herdeiros segundo a promessa. (Gl 3.26-29)

Que alegria saber que ser filha não me impede de revestir-me do filho de Deus pela fé! Que milagre ouvir que minha feminilidade não me desqualifica para ser herdeira conforme a promessa dada ao primeiro homem judeu, Abraão. Em vez de achar que esse chamado é para descartar o ser feminina para me revestir de Cristo, vejo que a beleza está justamente na diversidade, não no achatamento da androginia ou no silenciamento da distinção.

Haverá suecos no céu? Haverá africanos? Latinos? Mongóis? Judeus? Gregos? Sim. E não somos gratos porque Deus é poderosamente representado ao unir a diversidade para o louvor da sua glória? Assim também é com o homem e a mulher. A sua revelação a nós é que ele é refletido por ambos. Ele obtém maior louvor quando homens e mulheres o louvam. Homem e mulher são a sua imagem, mas nós, como mulheres, temos o privilégio de expressar inteiramente a nossa parte. Sem a nossa plena expressão, furtamos da plena glória de Deus.

Feminilidade fabricada

Homens e mulheres têm-me perguntado como é realmente viver do modo que acabo de descrever – como mulheres por inteiro – no contexto de um ambiente predominantemente masculino. Em outras palavras, quando uma mulher chega a uma reunião cheia de homens, ou mesmo a uma sala de aula com homens e mulheres, ou à igreja, como ela o faz de maneira distintamente feminina? Como ela certifica de que está agindo de modo distintamente feminino? De que maneira ela ensina matemática como mulher? Como tem certeza de estar agindo com feminilidade e não de maneira masculina, agindo como convém ao seu gênero?

Sei que não deveria haver perguntas ruins, mas acho que essas são perguntas erradas. Se fôssemos respondê-las diretamente, isso nos levaria ao legalismo e à feminilidade fabricada, e não a mulheres cristãs se comportando como Cristo deseja. Estaríamos usando um caderno de regras quanto à frequência em que ela deve falar e se lhe é permitido tomar a iniciativa nas discussões, ou contradizer seus pares ou professores que são homens. A lógica dos princípios estaria totalmente errada – do lado de fora e não de dentro. Também poderia levar ao pensamento de que ser mulher é algo que *tem que* parecer diferente da masculinidade. Porém, podemos ser mulheres e agir da mesma maneira que os homens agem numa sala de aula, no escritório ou no lar. Quando fazemos isso, não estaremos transcendendo nossa feminilidade, nem agindo de maneira especificamente masculina. Estaremos sendo mulheres. Deus fez mulheres robustas assim.

A pergunta melhor seria: como viver, pela fé, como mulher *cristã* em todas as circunstâncias? A ênfase está no vocábulo *cristã*. Você não muda o fato de ser mulher, se é isso que você é. Trabalhar a qualidade de sermos novas criaturas nos tornará mulheres piedosas, não homens piedosos, porque somos mulheres. Desenvolver nossa salvação sob a autoridade do livro de Deus nos tornará *mulheres* piedosas e maduras. Precisamos confiar em Deus quanto ao processo de santificação; não focar a fabricação da feminilidade. Fazemos isso ao permanecermos unidas a Cristo em sua vida, morte e ressurreição. Isso se dá quando obedecemos a estas palavras:

> Revesti-vos, pois, como eleitos de Deus, santos e amados, de ternos afetos de misericórdia, de bondade, de humildade, de mansidão, de longanimidade. Suportai-vos uns aos outros, perdoai-vos mutuamente, caso alguém tenha motivo de queixa contra outrem. Assim como o Senhor vos perdoou, assim também perdoai vós; acima de tudo isto, porém, esteja o amor, que é o vínculo da perfeição. (Cl 3.12-14)

Quando fazemos isso, quando andamos conforme os cristãos são exortados a andar por todo o Novo Testamento, não precisamos nos preocupar se as partes distintas de nossa feminilidade estão sendo bem exibidas ou demasiadamente aparentes. Confiamos em que, por estarmos em Cristo, seguindo-o, submissas à sua Palavra, ele opera em nós o que é bom.

Isso não quer dizer que ignoramos, convenientemente, as partes na Escritura que orientam nossos atos e comportamentos como mulheres. Pelo contrário, abraçamos o que ela diz dentro do contexto em que foi dado e as aplicamos de todas as formas que devem ser aplicadas.

Temos que lembrar de que as virtudes mais femininas não estão localizadas primeiramente nas mulheres, mas em Deus, porque qualquer verdadeira virtude é encontrada nele. Aquelas partes na Bíblia que exortam as mulheres a virtudes específicas podem até ser consideradas como dirigidas ao aspecto feminino das coisas, mas isso não as faz menos reflexos de Deus. Não estamos tentando ser boas de um modo diferente da bondade e da virtude que encontramos em Deus. Queremos viver aquilo que somos – cristãs. Somos mulheres vestidas nas vestes de santidade de Cristo.

Isso não é algo que possamos fabricar em um livro de regras de conduta feminina. Uma tentativa dessas resultaria em mulheres doentias, apagadas, julgadoras, em vez de fortes, inabaláveis e sim, em seu interior, *belíssimas* mulheres cristãs que conhecem, em primeira mão, aquilo que Deus as chamou para ser: santas e inteiramente de Deus.

Perguntas para discussão

1. Você considera que ser mulher é apenas uma parte de quem você é ou engloba tudo que é? Quais suposições você tem a respeito disso?
2. Ser mulher parece-lhe confinamento ou uma realidade pequena? Por que sim ou por que não?
3. Como você pode alinhar seu pensamento ao que a Bíblia ensina sobre ser criada como mulher?
4. Você está disposta a submeter-se a Deus em relação à forma como ele a criou, tanto na plenitude de ser mulher quanto em suas limitações?

4
Mulheres bíblicas

> Ora, como recebestes Cristo Jesus, o Senhor, assim andai nele, nele radicados, e edificados, e confirmados na fé, tal como fostes instruídos, crescendo em ações de graças. (Cl 2.6-7)

> Habite, ricamente, em vós a palavra de Cristo; instruí-vos e aconselhai-vos mutuamente em toda a sabedoria, louvando a Deus, com salmos, e hinos, e cânticos espirituais, com gratidão, em vosso coração. (Cl 3.16)

Quando eu tinha dezessete anos, li um livro sobre a mulher de Provérbios 31. Não tenho críticas a oferecer sobre esse livro. Foi escrito por uma mulher piedosa que se derramava em honra a Deus. Fiquei muito tocada ao descobrir uma parte da Bíblia que parecia escrita diretamente para mim, uma mulher. Era o tipo de descoberta que dava a ideia de receber um padrão para vida: sem mais mistérios, sem confusão ao caminhar desajeitadamente pelas coisas que não entendia – agora, um manual passo a passo havia chegado.

Ao combinar o que eu lera de Provérbios 31 com as partes da Bíblia que davam instruções às mulheres, quase perdi a certeza de o porquê eu deveria ler o resto da Bíblia. Talvez minha tarefa fosse permanecer aqui mesmo. Com certeza havia o suficiente para me manter ocupada pelo resto da vida. Instintivamente, eu sabia que não conseguia cumprir o padrão de piedade sobre o qual eu estava lendo.

No decorrer dos anos, conheci muitas mulheres da igreja com visões diversas a respeito desses trechos bíblicos que tratam sobre as mulheres. Algumas estremecem e ficam nervosas quando os ouvem (muitas vezes porque essas partes se tornaram armas contra elas, como uma bomba legalista dos anos de 1950). Em contraste, há quem jamais fale da Bíblia exceto para citar Tito 2 e 1 Pedro 3; elas se contentam em habitar ali. Há também algumas mulheres ressentidas que simplesmente se recusam a deixar que a Bíblia diga o que diz às mulheres – essas fazem façanhas de flexibilidade com as Escrituras, distorcendo-as a ponto de cortar todo o fluxo de sangue de passagens inconvenientes como 1 Timóteo 2.11-15 e a proibição das mulheres de ensinarem a homens baseadas na ordem da criação.[12] Essas

---

12 "A mulher aprenda em silêncio, com toda a submissão. E não permito que a mulher ensine, nem exerça autoridade de homem; esteja, porém, em silêncio. Porque, primeiro, foi formado Adão, depois, Eva. E Adão não foi iludido, mas a mulher, sendo enganada, caiu em transgressão. Todavia, será preservada através de sua missão de mãe, se ela permanecer em fé, e amor, e santificação, com bom senso." (1Tm 2.11–15)

partes são simplesmente consideradas irrelevantes ou erradas por elas.

No departamento de Inglês da minha faculdade, havia ocasionalmente um descarte de partes da literatura por serem consideradas nocivas às mulheres por aqueles que faziam estudos de gênero. Quem eram esses caras brancos mortos para nos dizer o que era boa literatura e escrever sobre personagens femininas para nós? Por que mulheres esclarecidas deveriam ler esse lixo, exceto para refutá-lo? Para algumas, isso se estendia à Palavra de Deus. Se podemos descartar os caras brancos que já morreram, por que também não podemos descartar os caras mortos do Oriente Médio?

Mas a Bíblia não é algo insignificante. Não é o livro *Viagens de Gulliver* nem *Grandes Esperanças*. Seu autor é divino, não está morto; é perfeito, não pecador. Ler a Bíblia é, em alguma medida, ser transformada ou julgada. Nós nos submetemos a ela inteiramente ou a descartamos como tediosa, boba, prejudicial ou levemente agradável. Com orgulho descarado, podemos até nos aproveitar dela, mas a Palavra de Deus não é algo indiferente: estamos dispostas a ser dominadas por ela ou um dia seremos forçosamente dominadas por ela.

A Bíblia inteira é para mulheres

O Deus da Bíblia não será suprimido por algumas passagens específicas dirigidas às mulheres. Ele não permitirá que suas filhas cortem o suprimento sanguíneo daquelas partes de que não gostam muito. Ele exige tudo de si para todas nós.

Graças a Deus, ele me levou a toda sua Palavra. Entender-me como sua filha não se baseia apenas em dois ou três textos ou em tirar implicações de narrativas sobre mulheres; esse entendimento é alcançado em toda a Bíblia. Quando ela se aplica a mim, como mulher, isso me molda como mulher piedosa, não apenas um ser humano indistinto. Paulo nos instrui a todos: "Habite, ricamente, em vós as Palavra de Cristo" (Cl 3.16). Talvez, hoje, o Senhor está lembrando a você que toda a Bíblia é para você, para habitar ricamente em você, e que o efeito de toda a sua Palavra habitando em você—*uma mulher*—será moldá-la como uma *mulher cristã*.

Quando Paulo diz aos coríntios: "Sede meus imitadores, como também eu sou de Cristo" (1Co 11.1), ele não está falando apenas para homens. Está falando para todos nós. Por isso, não temos que bater a cabeça contra a parede procurando mulheres obscuras no texto bíblico para imitarmos, como se elas fossem as únicas mentoras designadas para nós. Não precisamos chegar a elaboradas conclusões e aplicações de vida tiradas da curta menção de algum versículo escondido nos comentários finais de Paulo, simplesmente porque falam sobre uma mulher. Acatamos aquela breve menção pelo que ela é – útil, importante, instrutiva – mas não a soma total da Palavra de Deus para nós.

Nenhuma altivez quanto a nenhuma parte da Bíblia

O que isso significa para as partes da Bíblia que dizem respeito às mulheres? Agora estamos acima delas? Não, não estamos. Valem nosso foco, nosso estudo, nossa atenção? Sim, valem. Imagine receber uma carta vinda do seu tio dirigida a toda família. Ela começa: "Querida família" e vai assim por uns cinco parágrafos. No sexto parágrafo, ele começa: "Para as minhas sobrinhas". Daríamos atenção à carta toda, pois alguns dos pontos principais estarão no corpo maior. Mas daríamos atenção especial às partes escritas apenas para nós. Não podemos elevar certas partes da Bíblia acima e além das outras partes. Mas não permita Deus que nós debochemos secretamente ou nos coloquemos acima dos trechos considerados de "meninas tolas", dando-lhes algum nome bobo, desdenhando das mulheres que levam esses princípios a sério.

Deus me deu um novo olhar em relação a essas seções "para mulheres". Olhos de apreciação. Visão mais humilde. Olhos que enxergam essas partes como parte do todo. Não são insignificantes nem devem ser retiradas e isoladas do resto da Bíblia. São tesouros; partes integrantes do bom aroma de Cristo. Portanto, leia, com gratidão, bons livros sobre a mulher de Provérbios 31. Estude sobre as mulheres do Antigo Testamento. Abrace com tudo que puder as virtudes femininas. Mas leia também tudo o mais na Bíblia. Leia os mandamentos dados a todo o povo de Deus. Fique maravilhada com a obra de Deus na vida de Abraão, Moisés, José e Davi. Veja os tipos de Cristo. Ouça de novo o evangelho, vez após vez. Receba e obedeça ao evangelho todo, como mulher que você é.

Mulheres, nós nos prejudicamos quando usamos a Bíblia *apenas* como um manual de como fazer para ser mulher em vez de procurar ver o nosso Deus e Salvador, que nos ensina todas as coisas. Porém, deixar de ver a realidade de ser mulher, achando que podemos nos submeter a Deus sem nos submeter à ordem da criação do próprio Deus, seria lutar contra ele. A união dessas duas realidades fundamentais é a parábola que nos define. Temos o privilégio, a liberdade e o legado de sermos inteiramente cristãs e inteiramente mulheres.

Perguntas para discussão

1. Quão familiar lhe é a Palavra de Deus? Você já leu toda a Bíblia?
2. Quais são as partes da Bíblia em que você é mais propensa a permanecer? Quais partes você evita?
3. Como você pode começar a ver toda a Bíblia como necessária para o seu conhecimento de Deus e o seu crescimento como mulher cristã?

5
Mulheres em seus corpos

> Ele é a cabeça do corpo, da igreja. Ele é o princípio, o primogênito de entre os mortos, para em todas as coisas ter a primazia, porque aprouve a Deus que, nele, residisse toda a plenitude. (Cl 1.18-19)

Quando fui ao consultório médico fazer ultrassom de nosso segundo filho, tivemos a alegria de descobrir o sexo do bebê. Tínhamos pensado em alguns nomes e ponderado as implicações nas roupinhas ou decoração do quarto do bebê se fosse menino, pois já tínhamos uma menina. Mesmo assim, eu não poderia prever o pensamento ridículo que passou por minha cabeça quando a técnica do ultrassom nos disse: "É menino!". Eu pensei com meus botões: "Bem, isso é impossível. Eu sou mulher. Como um menino pode estar crescendo dentro de mim?". Por mais que isso fosse esquisito, se você é como eu, já teve alguma ideia semelhante quando pensou sobre o nosso novo nascimento em Cristo.

Quando renascemos em Cristo, de que forma renascemos? A resposta óbvia é: como cristãs. Essa é a mais bela verdade do mundo! Porém, mais especificamente, você nasceu de novo como *você mesma*, novinha em folha, como mulher? Ou ao tornar-se cristã, você transcendeu seu corpo físico? Qual é a vantagem de possuir útero, ou braços, ou pés, ou de não ter pomo de Adão em nossa missão de Cristo no mundo? Se nossa humanidade não transcender nosso gênero, conforme vimos no capítulo 4, será que nosso cristianismo subirá além de nosso corpo feminino?

Ao recebermos Cristo, morremos *como mulheres* – cada uma de nós como mulher específica. Morremos nele, para o nosso pecado e para nós mesmas. E quando nascemos de novo, não é como se o médico verificasse e dissesse, maravilhado: "É uma menina!". Nosso Deus sabedor anuncia: "Esta é a *minha* menina!". E isso é um bem duplo. Não temos a mesma experiência que Adão e Eva, criados sem pecado conforme a imagem de Deus. Nascemos no pecado de Adão e, desde nosso primeiro momento, somos quebrados, manchados e temos a nossa humanidade distorcida – tanto que não podemos ser apenas remendados. Não podemos voltar ao Éden parta tentar assumir o status pré-maldição a fim de encontrarmos significado. Temos que ir adiante, até o Calvário, até outro jardim, o jardim do Getsêmani.

Não é por acaso que renascemos como mulheres, e não como homens ou apenas humanos cristãos indefinidos.

Nossos corpos femininos designados por Deus para nós são agora corpos femininos cristãos. Eles têm algo a nos dizer sobre o nosso chamado e a nossa missão na vida.

Um eco da Renascença que permanece e é fortalecido pelo pensamento moderno diz que, para conhecer nosso chamado, temos que olhar para dentro. O autoconhecimento do ser interior é a forma como discernimos a razão pela qual fomos criados. Existe nisso um elemento de verdade; não podemos ignorar nossa vida interior. Mas se quisermos saber para o que fomos criadas, temos que olhar para algo mais fixo e imutável do que o que somos por dentro. Precisamos de Jesus Cristo, que é o mesmo ontem, hoje e para sempre (Hb 13.8), e precisamos observar o corpo que ele nos deu, criado por meio dele e para ele (Cl 1.16-17).

Por que o martelo é pesado e achatado em um dos lados? Por que os livros cabem direitinho em nossas mãos? Por que o banco do piano está na altura certa e as teclas do piano têm o tamanho ideal para os dedos? Por que as mangueiras são compridas e ligadas às torneiras? E por que as mulheres são macias, com seios, e braços, e quadris em curvas, e pés, e pernas, e cabeça, e útero, e um ciclo mensal? Por que as avós são tão fofas?

Apenas por acaso? Que importância tem tudo isso? Talvez você pense que eu esteja diminuindo sua qualidade como pessoa, reduzindo as mulheres ao somatório de suas partes, deixando implícito que as mulheres não são mais que incubadoras para bebês, ou pior: não mais que a sua sexualidade.

Não somos menos do que os nossos corpos

Eu explico. Com certeza, as mulheres são mais que a sua sexualidade; somos mais que útero ou pernas; mais que a maciez e as curvas, até mesmo mais que as nossas mentes, mas não somos menos do que essas coisas. Não somos menos do que os corpos que Deus nos deu. Os corpos são importantes. Estes corpos nos conduzirão até o dia de nossa morte ou até que Cristo volte, e então serão transformados em novos corpos que durarão para sempre. Sendo assim, vemos que Deus estima o nosso corpo em alto valor. Ele não está colocando essa ideia de lado.

A forma devastadora com que a nossa sociedade trata o chamado do corpo feminino é despindo-o com sagacidade a fim de usá-los para obtenção de poder e dinheiro. Quantas filhas, irmãs, mães e amigas acreditam que o seu corpo só tem valor quando elas são objetos, vistas com luxúria? Ou só quando ganham dinheiro sob a falsa bandeira de empoderamento? Nossos ideais "repletos de Beyoncé" vão contra cada compasso de nosso coração recém-feito nova criação.

O mundo ama os corpos das mulheres para o seu uso autônomo hedonista, como a pornografia ou promoções, mas odeia os corpos femininos quando fazemos exatamente o que foram feitos para fazer e ser, como dar à luz crianças indefesas e se doar para mantê-las vivas. Em vez de usar um martelo para martelar, nós o polimos, e pintamos, e o penduramos na parede para ficarmos olhando fixamente para ele, sem usá-lo adequadamente. Em vez de fazer música com um piano, recusamo-nos a afiná-lo e colamos o teclado com superbonder para não tocarmos um acorde sequer – mas, puxa, como é lindo e parece que poderia fazer música se, por acaso, alguém o tentasse tocar. Em vez de o corpo da mulher dar vida, tornamo-lo um cemitério de crianças rejeitadas.

Existem algumas grandes exceções a essa visão hedonista de nossos corpos em que a nossa cultura os enxerga de maneira igualmente pecaminosa. São elas a amamentação, o parto sem nenhum tipo de anestesia e a promoção de corpos "naturais". Isso vai totalmente na contramão, tornando o corpo em um monumento de perfeição possível apenas antes da Queda, como se todas nós pudéssemos ser deusas da fertilidade, com a capacidade de curarmos a nós mesmas, desde que sigamos todas as regras dos gurus da internet. Sem referência à maldição do pecado que infectou todas as coisas, tudo que é "natural" se torna inerentemente bom e sagrado.

Por meio de cirurgias plásticas e de uma ênfase desordenada em saúde e dieta perfeitas, nossos corpos se tornaram como mausoléus que não ousamos profanar por quaisquer coisas que não sejam as que nós resolvemos que nos beneficiariam. Então, enquanto uma mulher se alegra na academia, provando os limites do seu corpo com o objetivo de parecer mais bonita e jovem, e poder vestir uma roupa nova de número menor, muitas nem sonhariam em testar seus limites em trabalhos de qualquer tipo com uma finalidade sem benefício pessoal, apenas para o bem do outro. Mesmo o parto natural, que as mulheres muitas vezes se comprometem a realizar por razões altruístas, ao querer poupar o contato potencial do bebê com drogas como a anestesia, muitas vezes é superado por mulheres que o fazem por motivos de autorrealização, obtenção de elogios e superioridade.

As mulheres cristãs precisam entender que os nossos corpos fazem parte da inabalábel revelação de Deus para nós.

Por que mais frágeis?

O correio trouxe um pacote rotulado com o aviso "Frágil: cuidado com seu manuseio". Abrimos cuidadosamente o pacote de papelão e ficamos decepcionados ao encontrar ali alguns pedaços quebrados. Se as rápidas máquinas do correio e os sacolejantes caminhões de entrega tivessem atendido ao útil aviso, teriam valorizado o conteúdo corretamente e evitado o estrago.

Uma luminária de cristal é singular em sua fragilidade. Poderíamos substituí-la por uma de madeira, forte e funcional, e isso teria algum valor, mas faltaria à luminária tudo que a torna aquilo que é: luzes que faíscam do vidro multifacetado, o tilintar suave e alto das peças quando tocadas, o refinamento suspenso que ressalta uma espécie necessária e essencial da civilização. Seria errado considerar uma luminária de cristal sem valor devido à sua fragilidade. Isso deixaria de demonstrar sua razão de ser luminária.

A fragilidade não é defeito; pode até mesmo definir o valor de uma coisa.

Vemos semelhança no corpo das mulheres. Não estou dizendo que mulheres são luminárias nem mesmo que elas são frágeis. Você já observou uma mulher em trabalho de parto? Existe força e resistência igual a isso? Mas elas são fisicamente mais fracas do que os homens. Como é que Deus conclama as mulheres a "praticar o bem e não temer perturbação alguma" (1Pe 3.6) em um versículo e, no próximo, refere-se a elas como **"parte mais frágil"** (1Pe 3.7)? Não é comum nós colocarmos juntas as ideias que *destemida* e *parte mais frágil* nos transmitem.

Qual é o resultado de sermos fisicamente mais frágeis que os homens? Devemos nos sentir insultadas ao reconhecermos esse fato biológico? Ou será que a nossa própria natureza como mais frágil nos leva à fonte de nosso destemor, uma impotência que resulta em confiança no Pai Todo-Poderoso?

Ajuda se reconhecermos primeiramente que o que Deus diz por meio de Pedro é verdade. *Somos mesmo* mais frágeis do que os homens. Não menos inteligentes. Não menos humanas ou menos capazes de raciocinar ou de realizar. Não emocionalmente quebradas. Não mais pecadoras. Nem mesmo desprovidas de grande força, como nos atestam as Escrituras. Mas, no que tange ao nosso corpo físico, somos comparativamente mais frágeis. No entanto, muitas de nós ficam desconfortáveis ou já se sentiram incomodadas com isso, porque vai contra o espírito da nossa era e ofende o nosso orgulho – tanto que podemos rejeitar a verdade de 1 Pedro mesmo quando evitamos andar sozinhas numa rua escura e abandonada.

Ser, por comparação, fisicamente mais frágil – fato que, por mais tempo que eu passe me exercitando na academia, provavelmente jamais conseguirei derrubar um homem de tamanho médio ou vencê-lo numa luta de braço – não é sinal de que algo esteja errado comigo. Essa fragilidade é algo que tem de ser tratado com cuidado – porque nela residem belezas singulares, capacidades ímpares e forças femininas, como a linda força do espesso vidro entalhado.

Uma mulher grávida é um dos seres humanos mais indefesos sobre a face da terra. Mal consegue levantar os pés depois de se sentar num sofá confortável. Mas quem, a não ser o vaso mais frágil de nome mulher, pode ver crescendo dentro do seu corpo outro ser humano?

Pense na gigantesca força e perseverança necessárias para dar à luz, ainda que seja, ao mesmo tempo, um tipo vulnerável de vigor. Uma mulher na maratona do trabalho de parto, após horas incontáveis, senta-se na cama e, mesmo enquanto ocorre uma hemorragia em seu corpo, ela busca alimentar e cuidar de outra pessoa. Por que

Deus fez assim? Para que soubéssemos, como uma mãe que amamenta seu filhinho, que ele jamais se esquece de nós, mesmo quando o sangue de seu próprio filho foi derramado em nosso favor. É um plano frágil, incompreensível para nossa mente, mas valoroso, que aponta para coisas ainda maiores a serem honradas e protegidas – não diminuídas quando comparadas, mas acuradamente compreendidas.

É bom que Deus a tenha criado mais frágil; ele colocou um desenho resplandecente em dois xis (XX). No livro de C.S. Lewis, *A Viagem do Peregrino da Alvorada*, o jovem Eustáquio fala a Ramandu, anteriormente estrela: "No nosso mundo, uma estrela é uma enorme bola de gás inflamável". Mas Ramandu replica: "Mesmo no mundo de vocês, meu filho, isso não define o que é uma estrela, mas apenas aquilo da qual ela é feita".[13] Podemos ser feitas de cromossomos repetidos, mas isso é muito mais do que o reducionismo daquilo que pode ser visto pelas lentes de um microscópio.

Por que útero e seios?

Deus deu às mulheres útero para que os bebês possam ali crescer. O útero de toda mulher pode aninhar um bebê? Não, e a mulher não é menos mulher por isso. Mas o projeto do útero é esse. Foi ideia de Deus dar útero às mulheres

---

13 C. S. Lewis, *A Viagem do Peregrino da Alvorada (As Crônicas de Nárnia Livro 5)*, (São Paulo, SP: Martins Fontes, 2015).

em que crescem os bebês. Este é o plano maravilhoso. E saber que Deus deu isso a você ajuda a dar sentido à vida.

    Se Deus desenhou nosso corpo para ser habitação de uma pequena pessoa por nove meses, o entendimento disso nos ajudará a compreender as instruções de Tito 2 ou 1 Timóteo 5 quanto ao trabalho e gerenciamento do lar. Por quê? Porque, na verdade, Deus *fez de nossos corpos um lar*. Ele nos fez para sermos um lar para outros – isso é parte da revelação de Deus. Os corpos femininos nutrem vida por dentro e por fora – podemos ficar irritadas quando alguém diz que o lugar da mulher é na cozinha, mas Deus falou algo surpreendentemente semelhante quando nos criou: nossos *corpos* são cozinha, jardim, alimento e casa firme que têm de ser buscada vez após vez para nosso sustento. Mas não somente para sustento; o corpo também é para conexão e intimidade.

    São especiais os fios que correm entre uma mulher e os membros de sua família. No romance entitulado Jane Eyre, Rochester diz a Jane que se sente como se uma corda tivesse sido amarrada à esquerda, debaixo de suas costelas, ligando-o a ela com corda semelhante e cheia de nós amarrados a ela.[14] Conseguimos entender isso que Rochester diz, porque nós temos muitos fios emaranhados em volta do coração, nas amizades e nos membros de nossa família. Isso não é por sermos tolas ou sentimentais. É

---

14 Charlotte Brontë, *Jane Eyre* (Rio de Janeiro, RJ: Zahar, 2018).

porque fomos feitas para segurar bem juntinhas as pessoas, em laços de comunidade, amor e cuidado.

Criar um lar para outras pessoas talvez seja a coisa mais influente que possamos realizar em toda nossa vida. O valor da influência que advém de formar um lar, ao dar ordem a uma habitação para outras pessoas, é praticamente incalculável. Provérbios diz: "A mulher sábia edifica a sua casa" (Pv 14.1). Essa é uma das razões pelas quais ele nos deu mãos e braços – para construirmos nossas casas, para edificarmos um lar.

Com isso não estou dizendo que todas nós devemos ter quantos bebês pudermos nem que nossos braços devem sempre estar carregando alguma coisa ou que nossas pernas não podem parar de andar. Estou simplesmente ressaltando o projeto de Deus e perguntando: *Por que Deus nos fez assim? Estamos dispostas a aceitar a resposta inerente ao projeto de Deus e inerrante em sua Palavra?*

A verdade, obviamente, sobre o projeto claro de Deus não nos deixa sem dores e perguntas complexas. O que dizer sobre mulheres que sofrem com infertilidade, ou que fizeram mastectomias, ou histerectomias, ou amputaram uma perna, ou são cegas, ou têm alguma coisa que não funciona direito em seu corpo?

Começamos reconhecendo que, em algum nível, todas nós somos assim. Nem todas temos partes faltando, mas todas nós temos certo nível de disfunção no corpo. Isso é resultado do pecado: ele corrompeu a criação. E isso não nos torna menos mulheres nem torna nosso corpo menos relevante ou nosso projeto menos importante. Uma mulher que não pode fazer de seu corpo um lar para os filhos ainda pode fazer um lar fora do corpo. Pode criar um lugar seguro e caloroso para outras pessoas, quer sejam filhos do ventre quer não.

Meu esposo, Tom, teve ferimentos nos braços e nas pernas. No começo de nosso casamento, ele não podia utilizá-los muito. Eu fazia a maioria das tarefas físicas, incluindo cuidar de nossos filhos pequenos. Deus lhe dera braços e pernas, mas tirou deles a sua função. Às vezes Deus faz isso com seus filhos. Ele nos dá algo como braços, que são feitos para um propósito claro, mas depois impede a sua habilidade. Não sei as razões específicas para isso, mas existem centenas delas, uma das quais é dar glória na falta — demonstrar contentamento. Mesmo que, em geral, os homens tenham sido criados mais fortes do que as mulheres e fisicamente carregam maior fardo, isso não diminui o chamado do homem quando ele for incapaz de fazer algumas coisas. Simplesmente quer dizer que existe um impedimento na forma externa, mas a realidade da masculinidade não é, de modo algum, prejudicada. Acontece o oposto. Quando um homem é mais admirável do que quando aceita humildemente suas limitações e ainda carrega o fardo por sua família de maneiras mais profundas do que meramente físicas?

O nosso filho mais novo é portador de deficiências. Possui um corpo e uma mente que "não funcionam do jeito que deveriam funcionar", embora nós creiamos que sua mente e seu corpo funcionem exatamente como Deus intentou. Então, o que significa para o nosso filho viver plenamente como uma alma em um corpo que tem algo a dizer a respeito do seu chamado? Significa que, enquanto o seu chamado permanece o mesmo – o chamado para viver uma vida como homem cristão, se Deus permitir – se dará de forma diferente, porque ele estará em seu corpo específico, não no corpo de outra pessoa.

De modo semelhante, Deus deu às mulheres cristãs um chamado para viver como mulheres cristãs, mesmo que em seu corpo elas tenham úteros que não possam carregar bebês. Como cristãs, estamos todas cantando a mesma canção, com o mesmo alvo, com nossas diferenças, algumas na melodia, outras na harmonia e descanso, enquanto outras cantam a nota menor. E, ao mesmo tempo que a canção é linda, às vezes é de cortar o coração.

A incapacidade de gerar filhos pode ser uma dor agonizante. É um sofrimento expressivo. Não nos torna menores; somos amadas e como somos necessárias! Seu corpo nem seu útero são irrelevantes. Apontam para algo – eles têm valor e foram criados por Deus.

Às vezes, a glória que Deus recebe em meio a nossa falta excede em muito o que ele recebe em nossa plenitude. Ventres vazios e corpos quebrados apontam para realidades muito maiores – não a despeito da dor que as acompanham, mas ela mesmo sendo a ferramenta que aponta para essa realidade.

Comissionadas como corpo de Cristo

Existe um grande mistério na vida cristã. Enquanto cada uma de nós tem seu próprio corpo, o chamado de cada vida cristã tem que ser entendido no contexto do corpo de outro – o corpo de Cristo. Temos que olhar para o projeto de nosso corpo físico como uma espécie de revelação de Deus que nos aponta em direção a seus múltiplos propósitos e objetivos para cada um. Contudo, o significado e propósito de nosso corpo são plenamente e completamente entendidos dentro do corpo de Cristo, a igreja.

O serviço desempenhado por nossos corpos em favor uns dos outros, nossos irmãos e irmãs, é o nosso sacrifício vivo a Deus. O livro de Romanos conecta estas duas verdades: nossos corpos são sacrifício vivo a Deus (Rm 12.1), e esse sacrifício é entendido no contexto do corpo de Cristo e o exercício de nossos dons nele. "Tendo, porém, diferentes dons segundo a graça que nos foi dada [...], seja segundo a proporção da fé." (Rm 12.6)

Quando Deus disse: "Sede fecundos, multiplicai-vos, enchei a terra" (Gn 1.28), ele estava nos comissionando. Ele estava dizendo para preenchermos a terra com a sua imagem, o que não pode acontecer sem os corpos femininos. Após a Queda, esse comissionamento mudou e ele nos deu um novo comissionamento em Mateus: "Ide, portanto, fazei discípulos de todas as nações" (Mt 28.19). Ainda devemos encher a terra com a imagem de Deus, e essa imagem é Cristo em nós. Esse é o nosso chamado, e ele continua usando nossos corpos para cumprir esse propósito. Se ele escolhe fazer isso dando-nos filhos que criamos no Senhor, ou usando nossas vidas para discipular parentes, vizinhos e nações distantes, então nossos corpos importam.

Esta é a beleza do novo comissionamento - ele não precisa de corpos férteis para divulgar as Boas-Novas. De forma chocante, jarros rachados e quebrados transportam melhor do que os cristais. Fertilidade e fecundidade foram redefinidos no corpo de Cristo. Uma mulher pode nutrir a vida e construir os laços da comunidade cristã onde quer que Deus a coloque, seja como for o seu corpo.

Nossos pés devem transmitir as Boas-Novas; nossas bocas são destinadas a dizê-las; nossos olhos devem ver as necessidades; nossas mãos são destinadas a esticarem-se e encontrá-las. Nossos corpos são um sacrifício vivo a Deus, e ele sabe exatamente o que fazer com eles quando os oferecemos a ele. O jeito de Deus pode não ser o que tínhamos planejado, mas podemos ter certeza de que nunca vamos receber algo ruim. Quaisquer dons ou faltas que você sente no corpo têm o propósito de se encaixar com as necessidades e forças do resto do corpo de Cristo.

Depois do nosso novo nascimento em Cristo, a maneira como vemos nosso corpo muda de forma dramática. Nosso corpo não é algo que usamos para ganho mundano. Não estamos tentando vencer ou transcender nosso corpo em favor de uma vida de pensamento fora do corpo. Ter filhos biológicos não é o ápice da nossa existência. Agora, em vez de encontrar significado naquilo que o nosso corpo consegue fazer, ou tentar deixá-lo de pé por quanto tempo conseguirmos, devemos gastar nosso corpo em prol do corpo de Cristo. Em vez de gastar a vida em formas de asceticismo à procura do corpo perfeito, fazendo-o *parecer* realmente jovem e capaz, assumimos a glória de Cristo dentro de nosso corpo mortal e perecível, e alimentamos os filhos famintos – quer biológicos quer não. Fazemos um lar para as nações, chamando-as a participar do corpo imperecível, imortal de Cristo.

Perguntas para discussão

1. Quando você pensa no uso do seu corpo (como ter braços fortes para levantar as coisas, pernas para andar, útero para gerar um bebê, etc), já considerou que ele é uma espécie de revelação de Deus – um modo de Deus comunicar a você o propósito para o qual foi criada?
2. Como você concilia o bom projeto de Deus para os nossos corpos com a realidade de que, às vezes, eles não funcionam corretamente ou não podem ser utilizados em seu propósito intencional?

3. Você já considerou a realidade espiritual mais profunda para a qual o seu corpo físico aponta – o corpo de Cristo? Como você pode participar plenamente desse corpo – a igreja—mesmo se não puder participar plenamente com o seu corpo físico, de todas as formas que ele foi projetado para ser?

6
Mulheres (a)típicas

> Tende em vós o mesmo sentimento que houve também em Cristo Jesus, pois ele, subsistindo em forma de Deus, não julgou como usurpação o ser igual a Deus. (Fp 2.5,6)

"Acho que eu não sou uma mulher típica", ouvi certa mulher dizer. Ela comentava sobre seu amor por esportes e sobre o fato de ser pouco emotiva, enquanto fazia essa (tipicamente irônica) confissão. Isso me leva a pensar: Quantas de nós nos denominaríamos mulheres típicas? O que queremos dizer com isso? Seria uma boa coisa ser uma mulher típica?

Conversando com mulheres de diversas idades, observo que temos noções diferentes sobre o que significa ser uma mulher típica, mas poucas de nós nos classificaríamos como mulheres comuns e típicas. Comece a conversar com uma mulher na sua igreja, pergunte tudo a seu respeito, e provavelmente você chegará a um ponto em que ela lhe dirá que não se sente uma mulher típica. Talvez não sintamos que somos especiais ou singulares, mas muitas de nós temos a experiência de achar que não nos enquadramos exatamente em um molde comum.

Talvez você não gostasse de brincar de boneca quando era criança ou prefira usar ferramentas elétricas hoje. Quem sabe, você não leva jeito com crianças, ou odeia fazer compras em shopping, ou ama fazer entalhes em madeira. Algumas têm sentimentos de incompetência como mãe, ou não possuem habilidades de cozinhar, ou eram consideradas masculinizadas ou a única mulher especialista em matemática da faculdade. Conheço muitas mulheres cujos maridos falam muito mais do que elas, ou que têm dificuldade para se relacionar bem com outras mulheres, ou que possuem uma centena de outras características pelas quais elas não se sentem como mulheres típicas – dependendo do que elas consideram como *típico*.

Algumas se sentem felizes por não se enquadrarem na norma comum – e têm certo orgulho disso – como se quanto mais próximas do que consideram ser uma característica masculina, mais elas serão poderosas ou respeitadas. Sua visão de feminilidade é estreita e um tanto patética. Assim, faz sentido elas desejarem se distanciar dessas características. Outras são tristes, até mesmo envergonhadas, porque ninguém as ensinou o que é feminilidade, e agora, tateiam no escuro, tentando entender as coisas.

Qualquer coisa menos típica

Como cristãs que têm o benefício da revelação do próprio Deus na Bíblia para nos ajudar a navegar neste mundo e o benefício da própria criação para nos dar dicas sobre o desígnio de Deus, não precisamos nos fixar naquilo que a sociedade chama de "típico". O alvo da mulher cristã não é ser típica, especialmente se por típica queremos dizer o tipo de mulher que é exageradamente maquiada, hiperfeminina, que murcha ao primeiro sinal de trabalho duro e deixa o cérebro fora de tudo que faz. Onde está isso na Bíblia? Felizmente, dondocas que vivem no sofá também não são mencionadas. Em vez disso, vivemos a vida em Cristo e buscamos a piedade, e isso não é nada típico.

Quando eu era criança e observava a minha mãe, filha de fazendeiro, usando uma motosserra para tirar galhos secos e amontoá-los na caminhonete, levando-os até o monte de lenha empilhada, estava aprendendo sobre ser mulher. Quando eu a via preparando nossa casa para inúmeras visitas e comida para intermináveis bocas, estava aprendendo sobre como ser mulher. Quando eu a ouvia discorrer sobre a Bíblia com dezenas de pessoas em nossa sala toda terça-feira à noite, estava aprendendo sobre ser mulher, porque ela era uma mulher que fazia essas coisas. Graças a Deus, para mim ela era muito mais – era uma mulher cristã.

Ao ler as narrativas sobre mulheres piedosas na Escritura, acontece o mesmo – temos a vantagem de observar, de olhar como mulheres específicas enfrentavam situações específicas. Vemos as parteiras hebreias temerem mais a Deus do que a Faraó e, nisso, salvarem os filhos homens dos hebreus (Ex 1.15-21). Vemos Raabe se ligando sinceramente a Iavé, colocando em risco sua própria vida pelo povo de Deus (Josué 2; 6.17-25), e Sara, crendo que, contra todas as probabilidades, Deus lhe proveria um filho (Hb 11.31), e Maria, adolescente, exaltando o Senhor em meio às mais estranhas circunstâncias (Lc 1.46-55), e Priscila arriscando o pescoço por Paulo (Rm 16.3-4).

Em todas elas, aprendemos sobre ser mulher, não com um manual do que temos de fazer com as nossas vidas, mas com exemplos múltiplos de mulheres tementes a Deus através dos tempos. Aprendemos que, longe de serem típicas, temos que ser mulheres fiéis na vida e circunstâncias que ele nos deu.

Colocando os sentimentos em seu devido lugar

Pergunto-me se todas nós podemos concordar em que o jeito que nos *sentimos* em relação a ser mulher não tem nada a ver com o que somos. Podemos até sentir que não nos encaixamos no molde, mas Deus nos chama a viver de um modo que despedaça as expectativas do mundo. Em nossos sentimentos de inadequação, ele nos tem dado, na realidade, um presente. Nossos sentimentos de inadequação não mudam a realidade. Somos mulheres. Quando agimos, quando fazemos qualquer coisa que fazemos, nós o fazemos como mulheres, e nos tornamos narrativa viva que modela o ser feminino para todos ao nosso redor, para o bem ou para o mal.

Como mulheres cristãs, estamos falando às pessoas como Deus é, não que ele seja mulher, mas porque somos portadoras de sua imagem, revestidas em Cristo, e seu Espírito opera em nós. Somos representantes de Deus – como mulheres. Contamos uma história com tudo que dizemos e fazemos com respeito a quem Deus é. O fato de Deus tê-la criado mulher é parte essencial da história que ele está contando sobre si.

O que a sua vida, como mulher singular, conta a respeito de Deus às pessoas ao seu redor? Quando andamos em santidade com as nossas peculiaridades ordenadas por Deus, em suas circunstâncias amavelmente designadas, estamos contando ao mundo a verdade sobre Deus. Quando cedemos a atividades pecaminosas, estamos distorcendo a verdade a respeito dele. Talvez a coisa mais importante e poderosa que contamos às pessoas ao nosso redor, ao vivermos como mulheres cristãs, é que não estamos presas pelo pecado.

Jamais somos impotentes em relação ao nosso pecado, porque o mesmo poder que ressuscitou Jesus da morte opera agora em nós para nos tornar novas criaturas. A história que contamos quando nos arrependemos e nos voltamos para ele é a história do evangelho. É a coisa mais verdadeira que podemos dizer com a nossa vida.

Não seja típica

A outra coisa graciosa que Deus fez foi criar um corpo inteiro a fim de mostrar a sua glória. Sou grata porque meus filhos têm outras mulheres cristãs de quem podem aprender, além de mim – mulheres cujas vidas são marcadas pela obediência a Deus. Por meio delas, eles veem mulheres fiéis, com habilidades de gerenciar e organizar, mulheres portadoras de deficiências, mulheres que ensinam Ciências e piano, mulheres que gostam de passar roupa, que são excelentes planejadoras de refeições e que amam dar risadas. Elas são atípicas porque, em tudo que fazem, o fazem para a glória de Deus – e isso é realmente raro.

Quando penso sobre as mulheres e os homens que exerceram maior e mais duradoura influência sobre a minha vida, concluo que não foram seu humor encantador nem suas histórias que mais me impactaram. Em muitos casos, eu não podia me identificar em nada com as experiências que contaram. Não posso entender a alegria de Betsy Ten Boom no campo de concentração, ou a Elizabeth Elliot ao suportar a perda do marido assassinado enquanto servia aos que o assassinaram, ou mesmo o fato de John Piper não ter uma televisão. E essa falta de "tipicidade" – o fato de eu não conseguir me adequar — é precisamente o que me leva para longe do desejo de ser normal, ou de ter facilidade para me relacionar, ou de ser típica, a um maior desejo por santidade e pelo Deus que nos capacita a vivermos em alegre santidade. Na separação deles, sou movida para mais próxima de Cristo, o sumo sacerdote compassivo, o mais atípico de todos.

Sejam, portanto, encorajadas e realmente libertas, todas vocês mulheres atípicas. Deus não nos conclamou a sermos típicas. Ele nos chama a sermos dele. Chama-nos à submissão inequívoca e à lealdade, e essa exigência é a mais amorosa que ele requer de você. Uma vida de obediência a Deus é o tipo de vida mais arriscado e verdadeiramente seguro que se possa ter. E, ao ordenar nossa submissão a ele, à sua Palavra e ao seu projeto, ele, simultaneamente, nos capacita pelo poder ilimitado do seu Filho salvador.

Perguntas para discussão

1. Existem situações em que você se sente inadequada como mulher?
2. O sentimento de ser atípica ou de não se adequar pode mudar aquilo que você realmente é? Quem decide quem você é? Por que isso é uma boa notícia para nós?
3. Como Deus pode usar seus sentimentos de inadequação para honrá-lo e glorificá-lo? Como tais sentimentos podem, na verdade, ser um dom para o seu crescimento em piedade?

SEGUNDA PARTE

MULHERES EM TUDO QUE FAZEMOS – EM CRISTO

[...] a fim de viverdes de modo digno do Senhor, para o seu inteiro agrado, frutificando em toda boa obra e crescendo no pleno conhecimento de Deus. (Cl 1.10)

7
Mulheres transformadas

> E todos nós, com o rosto desvendado, contemplando, como por espelho, a glória do Senhor, somos transformados, de glória em glória, na sua própria imagem, como pelo Senhor, o Espírito. (2Co 3.18)

Você já ouviu uma criancinha falar de modo aparentemente incoerente, com olhar satisfeito de inteligência, enquanto você tenta entender uma única sílaba do que está saindo da sua boquinha? Se tiver sorte, a mãe dessa pequenina estará por perto e, inexplicavelmente, conseguirá traduzir o "blá blá blá" para sentenças inteligíveis. De repente ela elucida: "Ah, Elianinha quer água". Elianinha está destinada a grandes coisas. Ou, pelo menos, a mamãe tem um futuro brilhante em tradução e interpretação de balbucios incoerentes de crianças menores de dois anos.

Essa capacidade de tomar coisas toscas e rudimentares e transformá-las em algo mais, ou seja, de glorificá-las, é, às vezes, uma parte esquecida do ser uma mulher cristã. Talvez você esteja indagando por que eu estou enfatizando as *mulheres* como transformadoras. Os homens também não são transformadores? Sim, mas deixo para outra pessoa escrever a respeito disso. Aqui eu enfatizo esse aspecto por ver isso nas Escrituras e na criatura de Deus chamada "mulher".

A mulher é comparada a uma coroa na cabeça de seu marido (Pv 12.4). Isso não é só por ser uma peça decorativa, mas porque é ela quem torna grande um bom homem. Ela transforma um solteirão promissor em um marido respeitado, com propósitos. Ele dá a sua semente e, por algum milagre e mistério, Deus projetou o corpo dela para nutrir e desenvolver uma nova pessoa.[15]

A feminilidade é um prisma

A mulher é um prisma que recebe luz e a transforma em uma multiplicidade de cores de maior glória, para que agora outros vejam o arco-íris que antes estava contido no raio de luz. Constantemente, ela irradia lembranças da fidelidade de Deus. Ela lê as letras em preto e branco da Palavra de Deus e assume a tarefa de vivê-las em tonalidades vibrantes, a fim de que seus filhos, seu próximo e o mundo vejam. Quando a Bíblia nos ordena a alimentar, cuidar, treinar e amar, a mulher piedosa vai a frente nessa tarefa, tornando melhor e mais belo tudo ao seu redor.

---

15 Nancy Wilson delineia essa linha de pensamento em sua palestra "*Dangerous Women*," Femina weblog, acessado em 13 de julho de 2018, www.feminagirls.com /2010/05/29/dangerous-women/.

Talvez a visão mais tocante que temos dessa mulher está no trecho, frequentemente temido, de Provérbios 31. Essa breve seção da Escritura, dos versículos 10 a 31, tem inspirado inúmeras páginas, ora a idolatrando, ora a derrubando. Eu já me encontrei nesses dois lados, tanto buscando tudo nele, quanto, depois, consequentemente, não encontrando quase nada. Muitos artigos inteiros explicam por que ninguém deve tentar ser a mulher de Provérbios 31, que não fomos *projetadas* para sermos assim, que ela é apenas uma figura mítica, a personificação da sabedoria e, acima de tudo, que *não devemos tentar ser tudo isso em nossa casa!* Circulando, gente, nada para ver mais aqui!

Presumindo que ela não é uma pessoa de verdade, mas apenas exemplo figurado composto de muitas mulheres virtuosas, e assumindo que ela é a personificação da sabedoria, de muitas formas impossível de se atingir, será que ela ainda teria algo a nos ensinar? Mesmo quando admitimos que nunca *seremos* como ela – considerando que a maioria de nós nunca plantou uma vinha (v.16) – será que ela não nos foi dada como um exemplo digno em princípio? Mesmo quando admitimos que *só Jesus* é capaz de ser exemplo perfeito a ser seguido, não é verdade, para nós, que fomos revestidas da justiça de Cristo, que devemos imitá-lo – aquele que é perfeito em tudo? Pelo menos a Escritura revela que devemos reverenciar as virtudes que ela representa e não desprezar a passagem.

Por que Deus escolheu fazer desse retrato da sabedoria uma mulher? Seria apenas um recurso literário que deve ser desconstruído? Os homens também não deveriam imitá-la? Com certeza sim, exceto pela parte que fala sobre ela ser *esposa* e tudo o que isso implica. Pode ser um recurso literário, mas isso não o torna *menos* aplicável às mulheres ao reconhecerem que os homens também têm muito a aprender aqui. Isso acrescenta significado; não subtrai dele. Sim, os homens têm muito que aprender com a mulher virtuosa. Mas as mulheres terão um relacionamento mais concreto e tangível com o conceito de ser esposa, pois elas realmente têm o potencial de vivenciar isso.

Ficamos tão fora de forma quanto ao que seja essa mulher excelente, que os homens são criticados quando desejam uma mulher conforme Provérbios 31 (*Nenhuma mulher assim existe! Homem, diminua o seu padrão de exigências! Não espere de mim tanta bondade!*) e, simultaneamente, lhes é dito que essa era provavelmente uma canção que os filhos tinham de memorizar em louvor a suas (futuras?) esposas. *Hmm.* Mas, se nenhuma mulher realmente consegue ser como ela, não seria bajulação falsa ensinar os filhos a cantar tal canção? Pior, uma dica não tão sutil de tudo que uma esposa deveria ser, mas não é? Não precisamos questionar como isso iria acabar.

Um novo coração para Provérbios 31

Quando transformamos Provérbios 31 em um fardo pesado, não é de admirar que ficamos ansiosas por descartar tudo. Mas, assim como todos os ideais de Deus que não conseguimos cumprir, descansamos naquele que cumpriu todos eles. Não agimos como quem busca ganhar a salvação por merecimento; a salvação não nos torna excelentes esposas. Tornamo-nos mulheres em tudo que nós fazemos – em Cristo – quebradas, doentes, vagando, qualquer coisa exceto excelentes. É Deus quem nos transforma. É Deus que faz a renovação poderosa, profunda e maravilhosa. A nossa transformação nasce somente disso. Um coração que deseja ser como a mulher representativa de Provérbios 31 ou *qualquer* mulher santa das Escrituras é, em si, testemunho de transformação — pois nenhuma de nós, por si mesma, deseja isso. Nenhuma de nós deseja sabedoria ou santidade sem que Deus atue em nós. Nenhuma de nós deseja isso sem que haja um milagre de Deus em nosso coração.

Sendo assim, se você sente algo menos que amor e admiração pelo retrato que Deus julgou digno de nos oferecer em Provérbios 31 (ou *qualquer* parte da Palavra perfeita de Deus), o lugar para começar é um novo coração, e só Deus pode suprir isso em nós. Se Provérbios 31 a faz sentir como se alguém tivesse depositado uma carga gigante nas suas costas, é hora de depositar essa carga aos pés da cruz. Ao sermos transformadas, começaremos a ver a beleza das muitíssimas maneiras pelas quais Deus nos convida a transformar coisas tangíveis ao nosso redor, tornando-as melhores para a glória de Deus.

A mulher ideal não será mais uma ameaça ou exigência, mas inspiradora e gloriosa, quando observarmos que tudo o que ela toca, ela o torna melhor, a fim de produzir um retorno. Veremos isso como liberdade, não prisão. Não queremos esse bem para as pessoas que nos cercam? Não desejamos ser sábias, transformadoras e mais parecidas com Cristo? O plano de Deus delineado nas Escrituras é uma visão de feminilidade que não somente é correta e deve ser obedecida; ela é experimentalmente preferível a tudo que o mundo pode oferecer. Não se aplica somente às mães ou às mulheres casadas. Mulheres solteiras de qualquer idade foram feitas para ser mulheres transformadoras e plenas. São mulheres cristãs no mais profundo sentido, ou seja, que nutrem e crescem espiritualmente em tudo que Deus lhes deu.

Desgastadas para glória

Infelizmente, ser agente de transformação ou influência não se limita apenas a melhorar as coisas. O mundanismo também transforma — o pecado transforma. Quando andamos em pecado, tomamos coisas boas e as azedamos. Um filho acorda alegre, e nós transformamos essa animação em tristeza ao acabar com a bagunça que ele não arrumou. Nosso marido chega em casa do trabalho, animado por nos ver, e nós causamos o desânimo quando retrucamos e reclamamos como o nosso dia foi ruim. Nossa amiga está feliz por compartilhar as boas notícias que tem, e transformamos isso numa ocasião para sentir inveja, fazer comparações e ficarmos com raiva. Podemos dar risada do velho ditado: "Quando a mamãe não está contente, ninguém está contente," mas isso é a prova de que nós transformamos até o ar que nossa gente respira, para o bem ou para o mal.

Que tipo diferente de transformação acontece para a mulher que está em Cristo. Nesse papel transformador, quer sejamos solteiras quer casadas, a mulher imita o seu salvador. Como ele, ela se submete à vontade de Deus e, como ele, Deus a usa para tomar aquilo que era inútil nela, dando-lhe glória: coisas sujas ficam limpas; o caos vira ordem; uma cozinha vazia, repleta de vida e bons alimentos; um apartamento solitário é transformado por uma simples porta aberta e calorosas boas-vindas quando mulheres se reúnem para estudar a palavra de Deus; filhos carentes de conhecimento e verdade e uma mãe bem disposta a ensinar; um homem precisando de ajuda e conselho e uma mulher equipada para lhe dar isso.

Deus nos fez para a sua glória – não uma glória que acaba em nós mesmas, mas uma glória que permeia tudo que nos foi dado, apontando todas as coisas para Cristo, que é o brilho da glória de Deus, o Salvador, o transformador máximo. Ao contemplarmos Jesus — sua perfeição, sua obra salvadora, sua face gloriosa – somos transformadas de um grau de glória para outro (2Co 3.18).

Perguntas para discussão
1. De que forma o evangelho de Jesus Cristo tem transformado a sua vida?
2. Quando essa transformação começou e quanto da sua vida você acha que Deus quer transformar?
3. De que forma Deus quer usar Cristo em você como agente de transformação na vida das pessoas que a cercam? Como você pode começar essa tarefa física e espiritualmente?

8
Mulheres solteiras

> [...] para que o coração deles seja confortado e vinculado juntamente em amor, e eles tenham toda a riqueza da forte convicção do entendimento, para compreenderem plenamente o mistério de Deus, Cristo, em quem todos os tesouros da sabedoria e do conhecimento estão ocultos. (Cl 2.2–3)

As minhas lembranças do tempo de solteira são poucas, mas fortes. Diferente de muitas mulheres, fiquei noiva aos vinte anos e casei-me antes de terminar a faculdade. Ainda assim, lembro-me de como eu era quando solteira. Lembro do frisson e do horror dos encontros marcados. Ser solteira é mais comum, mais aceitável, mais na moda que nunca antes, pelo menos da perspectiva de alguém que está de fora. Eu mesma comemoro quando vejo mulheres solteiras que não estão definhando ou esperando a vida começar quando chegar um homem mítico que vai realizar seus mais profundos desejos. Existe um homem capaz de satisfazer nossos anseios, mas ele não é um mito, e chegou há mais de dois mil anos.

Apesar disso, ainda existem muitas mulheres que vivem uma solteirice indesejada. Nenhuma de nós foi feita para viver sozinha. No jardim do Éden, Deus corrigiu o problema da solidão criando Eva para Adão. Se é verdade que o homem e a mulher se complementam, então, quem complementa a pessoa solteira?

Você me complementa?
Nosso instinto por respostas de escola dominical nos força a dizer prontamente: "Jesus!". Mas isso está certo? Será que Jesus é a peça que faltava no quebra-cabeça de uma pessoa que, de outras maneiras, é uma pessoa inteira? Não. Jesus não complementa aquilo que está incompleto. Ele nos vence totalmente e nos absorve inteiramente nele mesmo – em sua morte e ressurreição. Fomos feitas novas e inteiras em Cristo, não apenas complementadas por ele. Então, quem complementa a pessoa solteira?

Talvez eu seja uma candidata improvável para dar uma resposta adequada, mas tenho uma perspectiva a oferecer. Tive o privilégio de ser amada, ensinada, discipulada e cuidada por mulheres solteiras, e quero contar as suas histórias. O que eu mais costumo escutar a respeito de pessoas casadas e pessoas solteiras é que as famílias devem tornar os solteiros parte de suas vidas – acolhê-los totalmente. Eu concordo! Mas quero encorajar mães e mulheres casadas a entrar sob a mentoria e sabedoria de mulheres solteiras, não acreditando na mentira de que as solteiras não se qualificam como conselheiras e mentoras porque não têm experiência de casamento. Quero encorajar mulheres casadas a dar a pessoas solteiras o direito de lhes falar sobre qualquer assunto, até mesmo sobre casamento e criação de filhos.

Algum tempo depois que meu marido e eu começamos a ter filhos, eu e algumas outras jovens mães, fomos convidadas a visitarmos o lar de Joyce, uma mulher da igreja. Ao entrar, notei como tudo estava lindo e organizado, como era gostoso o cheiro da sua comida, como sua mesa estava posta. Enquanto Joyce se apresentava e todo mundo se acomodava para conversar, minha primeira impressão foi a de que ela era, claramente, uma mulher com quem eu poderia aprender muito. Joyce era bondosa, calorosa, gentil com as pessoas, exatamente quem você desejaria ter como mãe ou avó.

Mais tarde em nossa visita, encontrei-me falando a Joyce sobre uma dificuldade que eu estava sentindo como mãe. Ela respondeu: "Eu nunca tive filhos, então, não sei se isso ajuda, mas tenho observado os meus sobrinhos..." Para minha vergonha, isso me surpreendeu. Depois, ainda fiquei sabendo que ela nunca se casara. Eu não havia considerado a possibilidade de que a mulher disposta a tomar sob suas asas algumas mães de primeira viagem fosse solteira. Ela passou a oferecer alguns excelentes conselhos que honram a Cristo quanto à criação de filhos, e eu os guardei para a vida. Também obtive algumas boas receitas nas conversas.

Alguns anos atrás, tive a alegria de participar de um estudo bíblico com Joyce. Eu lhe agradeci repetidamente por sua gentil sabedoria e profundo conhecimento da Palavra que mantiveram o nosso grupo na linha, fixando os olhos em Cristo.

Emily é dez anos mais nova que eu, e a conheci quando comecei a ligar para pessoas da agenda da nossa igreja numa tentativa desesperada de encontrar membros que pudessem ajudar com o cuidado das muitas crianças do nosso grupo de estudos. Na época, ela estava no ensino médio, e concordou imediatamente em nos ajudar, junto com suas irmãs mais novas. Elas serviram com fidelidade ao nosso pequeno grupo por seis anos seguidos. Alguns anos mais tarde, Emily começou a cursar faculdade e eu estava sobrecarregada com o acréscimo de filhos na família, ensino domiciliar e uma vida corrida. Perguntei se ela estaria disposta a vir semanalmente para me ajudar. Novamente, o compromisso que ela tinha com o trabalho era diferente do que se espera de uma pessoa jovem. Ela vinha e trabalhava duro. Compartilhava a sabedoria, as dicas e os hábitos que aprendera com sua mãe; algo muito tocante, pois sua mãe falecera de câncer quando Emily cursava o primeiro ano de faculdade. Aprendi muito com Emily, como por exemplo um jeito melhor para combinar as meias e como pode ser bem simples organizar as coisas. Acima de tudo, aprendi sobre fidelidade – aos compromissos e a Deus, mesmo nos tempos mais sombrios.

Minha tia Julie sempre foi parte integrante da minha vida. Desde quando, brevemente, viveu conosco quando eu era pequena até ser uma âncora na vida de meus filhos hoje, sua vida toda de solteira tem sido um presente para nós. Não digo isso para minimizar as dificuldades, mas ainda assim é fato que, sendo solteira, e cheia de disposição para nos amar, com suas verrugas, acolhendo-nos debaixo de suas asas e nos fazendo sentir amados, há um tipo de maternidade de tia tão precioso quanto especialmente singular. Sou grata quando observo o rosto do meu menino de quatro anos se iluminar ao vê-la chegar, e os mais velhos correrem para invadir a privacidade de seu quarto. Aprendi com ela a respeito da boa criação de filhos e casamentos felizes enquanto ela compartilhava sobre seus pais – meus avós, que morreram – e outros exemplos que ela teve o privilégio de ver de perto.

Precisamos uns dos outros

O tempo me falta para contar a respeito de Char, cuja devoção a Deus e a seu povo, bem como aos não alcançados em todo o mundo, era uma força que poderia derrubar reis e nações; ou a tia-avó Ola, que, aos cem anos de idade, ainda orava em sueco antes das refeições e nunca deixou de olhar para uma criança como sendo um de seus "amendoinzinhos"; ou Sue, mãe solteira que me ensinou a orar e a amar o próximo quando eu era uma adolescente chata; ou Lindsey, que espera mais do nosso filho com necessidades especiais do que eu, e usa suas habilidades como fisioterapeuta para fazer o bem. O exemplo e o testemunho fiel dessas mulheres solteiras são lindos. Senhoras casadas, nós temos muito que aprender com essas irmãs.

As mulheres solteiras estão equipadas para o cuidado maternal de um modo prático, que treina para a vida, e a serem como mães no direcionamento e discipulado espiritual. A linha entre as duas não é clara; na verdade, não existe separação entre as duas – elas transbordam e se sobrepõem umas às outras.

Portanto, para responder à pergunta: "Quem me complementa?", espero que as mulheres solteiras não considerem um triste consolo quando o resto do corpo de Cristo diz "eu". Vocês nos complementam também. A casada não pode dizer à solteira: "Eu não preciso de você". A solteira não pode dizer à casada: "Eu não preciso de você". (1Co 12.21).

Olhe à sua volta, para os crentes de sua igreja local. Eles estão em Cristo, como você também está. Você precisa deles. *Eles precisam de você*, de tudo o que tem a oferecer, mais do que você imagina, pois somos todos membros uns dos outros (Rm 12.5).

O dom de ser solteira?

Se eu pudesse gravar uma coisa no coração das mulheres que, contra a sua vontade, estão solteiras, seria isto: existem coisas que Deus está dando a você que só podem vir por meio da sua condição de solteira. Eu nunca teria pedido a Deus um filho portador de múltiplas deficiências. Sei que existem pessoas que sentem certo chamado para lidar com os deficientes. Mas eu só queria que todos os meus filhos tivessem saúde e fossem inteiros, do jeito que eu imaginava.

O que eu não enxergava era que, ao me ser negada uma coisa (uma criança capaz e saudável), eu estava recebendo muitas outras. Ao me ser negado um filho com musculatura e capacidades normais, recebi a capacidade de fortalecer os meus músculos por ele. Ao me ser negado um filho que pudesse estar conectado comigo no seu primeiro ano de vida, foi-me dada a capacidade de me ligar a muitos pais e outras pessoas que sofriam e se encontravam em situação de dificuldade. Ao me ser negado um filho que pudesse falar como seus colegas, tenho recebido palavras, duramente obtidas, tanto dele quanto minhas, que comunicam mais profundamente do que eu poderia sonhar.

Da mesma maneira, se você não queria ser solteira, é verdade que algo lhe foi negado – a relação de casamento com um homem. Mas foram dadas outras coisas que acompanham, de forma singular, aquilo que lhe foi negado. Você não tem marido com quem conversar ou dar e receber conselho, mas recebeu mais profunda dependência de nosso noivo eterno – Jesus Cristo, que sempre nos guia pelo caminho estreito. E recebeu, em grande medida, irmãos e irmãs a quem pode dar e receber. Pode ser que lhe tenham sido negados filhos biológicos, mas, na nova aliança, não existe falta de filhos. Você recebeu filhos incontáveis em Cristo para amar, cuidar e discipular, como fizeram Paulo e Jesus. Como nos lembra Elisabeth Elliot: "Não escolhemos nossos dons, lembra?"[16]

Você não teve a oportunidade de apontar para Cristo e sua igreja no relacionamento terreno do casamento, mas tem a oportunidade de demonstrar a suficiência de Cristo enquanto aguarda algo muito melhor do que uma representação — a verdadeira consumação que está por vir. Deus está preparando dons sob medida para você, que vêm precisamente como o resultado daquilo que lhe foi negado. Você não conseguirá enxergá-los se estiver focada na única coisa que lhe foi negada.

Ele entregou a si mesmo, querida irmã. Mostre-nos, mostre a todas nós – casadas e solteiras – que Cristo é suficiente.

Perguntas para discussão

1. Em 1 Coríntios 7, Paulo diz que a condição de ser solteira é um dom, assim como é o de ser casada. Que visão você tem de ser solteira? Você concorda com o que a Palavra de Deus diz sobre isso?
2. Se você for solteira, como poderá investir profundamente na vida de sua igreja e, individualmente, na de seus membros?
3. Se for casada, como incluir as solteiras em sua vida e procurar jeitos de encorajá-las, como também aprender delas?

---

16 Elisabeth Elliot, *Deixe-me Ser Mulher* (São José dos Campos, SP: Editora Fiel, 2021).

9
Mulheres casadas

> E tudo o que fizerdes, seja em palavra, seja em ação, fazei-o em nome do Senhor Jesus, dando por ele graças a Deus Pai. Esposas, sede submissas ao próprio marido, como convém no Senhor. Maridos, amai vossa esposa e não a trateis com amargura. (Cl 3.17–19)

> Cristo é o cabeça da igreja, sendo este mesmo o salvador do corpo. (Ef 5.23)

Caminhar dentro do casamento das pessoas é tão difícil quanto entrar em sua condição de solteiras. A "solteirice" é difícil porque eu não estou vivendo essa realidade; o casamento é difícil porque eu sou difícil. A minha hesitação vem da natureza complexa do casamento. Estou escrevendo para você, que é apenas uma pessoa, mas o casamento consiste em duas pessoas que se tornaram uma só carne. Portanto, quando falo com uma mulher casada, estou falando a uma pessoa plena, inteira, que teve seu próprio ser fundido a outra pessoa. Isso torna a conversa mais que variada.

Cada pessoa é única, mas quando essa unidade é multiplicada pelo casamento, aumenta a complexidade, como também aumenta a tolice de gente que tenta fazer do próprio casamento o padrão para todos os outros. Você precisa saber andar *em Cristo* como mulher no *seu* casamento, não no meu.

Se você usar o meu casamento como exemplo, provavelmente ficará decepcionada, simplesmente porque ele não se alinha à sua experiência. O meu marido é um homem bondoso. Ele gosta de uma boa conversa e, muitas vezes, procura o que tenho a dizer sobre qualquer assunto, desde sua empresa até como agir como pai, ou ver que camisa combina com que calça. Ele é criativo e musical, responsável e incrivelmente inteligente, além de atento aos detalhes. Gostamos de cantar e adorar ao Senhor juntos. Ele é o meu encorajador número um no que diz respeito a projetos de livros ou de ensino às mulheres na igreja. Ele investe profundamente no crescimento de nossa família. Também é pecador, como é a sua esposa.

Tivemos anos mais difíceis e outros mais fáceis. Temos vivido com problemas crônicos de saúde, começamos uma empresa sem dinheiro, tivemos um aborto espontâneo, mudanças, acrescentamos cinco filhos à nossa família, nosso filho caçula com deficiências físicas, passamos muitas noites no hospital, anos sem dormir o suficiente, lidamos com alimentação enteral e vômitos quase diários por três anos. Mas também vivemos o tipo de felicidade, alegria e risos que não cabem nesta página.

Provavelmente eu acabo de descrever um marido e um casamento diferentes do seu. As chances são também de que a minha submissão a Tom pareça diferente da submissão que você oferece a seu marido — e é assim que deve ser. Quando Tom vive comigo de modo que me compreende, e me ama, e preza como Deus ordenou, vai parecer diferente de como outro homem faz isso por sua mulher. Eu sou diferente das outras mulheres, assim como o meu marido é diferente de outros homens.

Mas, em um livro sobre mulheres cristãs que inclui um capítulo sobre casamento, temos que abordar o assunto submissão. É "o elefante na sala" para qualquer pessoa que tem algum conhecimento do ensino bíblico. Antes de falar sobre submissão dentro do casamento, quero que compreendamos sobre submissão em toda a vida cristã, tanto para homens quanto para mulheres, casados e solteiros. Por quê? Porque a submissão é necessária se quisermos levar o nome de "cristãos". Não é primeiramente uma necessidade por nós sermos mulheres, mas porque somos cristãs. A submissão de Cristo ao Pai, quando ele andava sobre a terra, era impressionante, humilde, totalmente linda e englobava tudo.

Filipenses 2 diz que Jesus não considerou a igualdade com Deus como usurpação, mas se anulou, tomando a forma de servo, sendo obediente até a morte, e morte de cruz (Fp 2.6-8). E é a esse padrão incrível que todo cristão é chamado – essa humildade, esse serviço, essa obediência, e essa morte. Quando estamos em Cristo, o caminho dele é o nosso caminho.

Submissão cabível

O que é submissão? O que significa? Seria simplesmente obediência? Existe alguma semelhança entre elas, mas acho que um jeito de descrever a submissão é: colocar-se voluntariamente sob a autoridade de outro. Cristo, por sua vontade, colocou-se sob a autoridade do Pai quando disse: "Meu Pai, se possível, passe de mim este cálice! Todavia, não seja como eu quero, e sim como tu queres" (Mt 26.39). De forma semelhante, *todo* cristão está voluntariamente debaixo de autoridade, tanto a autoridade de Deus quanto a de outros cristãos.

Os homens e as mulheres estão sob autoridade de seus irmãos em Cristo, e especialmente, dos líderes de sua igreja. Os líderes da igreja são responsáveis e, de certa forma, estão sob a autoridade do resto da igreja, especialmente de seus colegas na liderança. Todos os cristãos estão sob a autoridade de Deus e de sua Palavra. Enquanto existe certa circularidade, existe também uma ordem. O ponto principal é que, porque estamos em Cristo, participamos de sua humildade, confiança, obediência e de toda a sua postura de submissão.

As metáforas podem nos causar problemas com um assunto como este, porque sempre há quem queira acrescentar a elas ou torná-las absolutas em vez de usá-las como simples ilustração iluminadora. Dito isso, a jardinagem tem-me dado entendimento sobre a submissão no casamento. Colocar sementes na terra, observar como elas crescem e se inclinam para cá ou para lá, ensinaram-me alguma coisa. Amamos plantar girassóis, por sua exibição exuberante, mas eu, especialmente, amo ver a inclinação e o alongamento que fazem para se aproximar dos raios de sol. O girassol precisa do sol e, assim, balança feliz para cá e para lá, virando o rosto para onde ele brilha. Ao fazer isso, o girassol assegura seu próprio crescimento.

Num casamento saudável, o homem provê para sua esposa e a ama como o sol provê e dá luz ao girassol. Não é tarefa terrível se inclinar para cá e para lá a fim de receber os seus raios. Não é uma experiência de ser capacho quando seguimos a posição do sol no céu. Na verdade, isso é exatamente o que a igreja é chamada a ser em relação a Cristo — ele é a nossa estrela da manhã. Mas a submissão no casamento é uma comparação, não uma réplica exata. Os maridos não são Cristo nem bolas de fogo flamejante no céu. Não precisamos de marido do mesmo modo que precisamos de Cristo. Mas as comparações nos ajudam a saber *como devemos ser*. Conforme Efésios 5, as esposas são conclamadas a serem submissas como a igreja, seguindo seus maridos.

Na carta aos Colossenses, Paulo lembra às esposas a se submeterem a seus maridos "como convém no Senhor" (Cl 3.18). Em outras palavras, você está no Senhor! A submissão lhe cabe. Por que a submissão convém no Senhor? Porque no Senhor, a submissão ao marido é realizada, pela fé, em Cristo e é, portanto, santa; é um belo retrato de como a igreja atende à boa autoridade de Cristo. Quando me submeto a Tom, não estou declarando que Tom merece perfeitamente essa submissão, nem que ele é um líder perfeito. Estou declarando que Jesus merece perfeitamente a submissão e é o líder perfeito. Estou declarando que confio Cristo em Tom e Cristo em mim. Isso é submeter-se ao Senhor. Mas quando não estamos no Senhor, agindo pela fé, a submissão poderá ser distorcida em mil males perversos.

Quando os maridos são como Cristo, tratando a esposa com o mesmo cuidado que tratam o próprio corpo, sem aspereza, não será incomum encontrarmos mulheres incrivelmente saudáveis e felizes, que florescem como um brilhante girassol. Mas não pense que um bom marido garante o florescimento. Ele não tem tanto poder assim. E não pense que uma mulher não pode florescer longe de um bom homem. Ela pode e o faz. Isso se deve porque ela tem mais que uma metáfora – ela tem o seu Salvador, a verdadeira estrela da manhã.

Submissão forçada?

Se eu notasse que um de meus girassóis não estava seguindo a posição do sol no céu, seria desastroso eu tomá-los na mão para forçar a direção. O girassol quebraria. Semelhantemente, quando a submissão é forçada sobre uma pessoa, não será submissão, mas sim, coerção.

As pessoas que coagem as que estão debaixo de sua autoridade provam, na verdade, que não têm autoridade. Isso porque a natureza da autoridade também é em semelhança a Cristo. Essa é uma realidade incrível! Tanto submissão quanto autoridade se encontram em Cristo, e, como pessoas em posição de submissão ou de autoridade, temos de olhar para Cristo como guia. Na autoridade de Cristo sobre os discípulos, ele ordenou: "Segue-me!" Mas não os arrastou nem os chutou, gritando para que eles o seguissem. Mostrou-lhes um caminho melhor: lavou os seus pés. A sua autoridade foi provada por todos que *voluntariamente* o seguiram, *voluntariamente lhe* obedeceram e *voluntariamente* aprenderam dele. Quanto aos que rejeitaram segui-lo e o rejeitaram, a sua recusa a forçá-los fisicamente ou a manipulá-los também foi testemunho de sua verdadeira grandeza.

Ninguém recebe Cristo e, simultaneamente, o recusa. Chegamos a ele voluntariamente, somos atraídos pelo seu amor ímpar demonstrado na cruz e pelo perdão ali oferecido. É lá que nos entregamos e nos oferecemos a ele. É uma oferta voluntária da nossa vida. Tal disposição não muda o fato de que isso é também uma exigência. Todos nós *temos* que nos submeter a Deus. A recusa em fazer isso resulta no tormento eterno. Igualmente às mulheres casadas, a submissão ao marido é uma ordem de Deus. Mas só pode ser oferecida voluntariamente, uma vez que tenhamos olhos para ver e ouvidos para ouvir tudo que o plano amoroso de Deus requer de nós.

Onde está a sua mais profunda lealdade?

Em um bom casamento, com seus altos e baixos normais, a submissão não é uma restrição ou fardo, como receber amor também não é. Mas, e se você não tiver um bom casamento? Alguns casamentos são duros por causa de circunstâncias difíceis. Mas, em alguns casamentos, o marido, ou a mulher, ou ambos estão tão enredados pelo pecado que o casamento não tem como permanecer forte. Se você estiver em uma situação dessas, em que seu esposo está preso pelo pecado, você tem que esclarecer algumas coisas quanto ao tipo de mulher que deve ser, se quiser ser uma mulher cristã.

A nossa agência moral como mulheres não diminui com a nossa submissão. Submissão ao marido jamais significa submissão ao pecado. De vez em quando, ouço um ponto de vista sobre submissão no casamento tão envolvente que permite até mesmo que a mulher se submeta e seja participante do pecado. Quisera eu não precisar falar disso, mas nós mulheres somos responsáveis diante de Deus por cada ato que praticamos enquanto vivemos em nosso corpo (2Co 5.10; Hb 4.13). Não podemos nos esconder atrás de nosso marido, apenas porque ele iniciou o pecado. A participação que você tem é sua.

Nossa agência moral não recebe certificado de transferência de nós para aquele com quem nos casamos, como se não precisássemos mais de cérebro e de entendimento bíblico quanto ao que está certo ou errado. Esposas, Deus lhes deu cérebro próprio porque ele quer que usem sua cabeça – não de forma indiferente, mas plenamente. Você foi feita para *ajudar* ao marido e não para afirmar seu pecado ou participar dele.

Quando participamos voluntariamente do pecado sob disfarce de submissão bíblica, zombamos do plano santo de Deus. Um espírito submisso, no mais verdadeiro sentido, é capaz de dizer *não* ao mal, e faz exatamente isso.

Se seu marido quer assistir a um filme repleto de coisas sexuais impróprias, você não deve assistir. Se seu marido quer sair por aí na bebedeira, sem ser responsável com os filhos e o lar por se embriagar, não vá com ele. Se seu marido exige que você abandone a comunhão dos crentes e o educar os filhos no Senhor, fique firme em Cristo, sua rocha firme. Se ele quer que você fique calada quando ele engana e mente à sua família, à igreja e ao mundo, você deve ser uma mulher da verdade, e obedecer a Deus, não ao homem.

Quando vier ao trono de juízo de Deus, você será responsabilizada pelo seu pecado – até aquele que o marido a induziu a participar. Não me entenda mal – ele será responsabilizado inteiramente – mas Deus já deu a *você* um novo coração, olhos que enxergam e ouvidos que ouvem, e colocou em você o seu Espírito. Não é intenção de Deus que você agora feche os olhos e os ouvidos ou endureça seu coração para a sua Palavra. Não despreze a sua consciência e a voz do Espírito em favor da voz de um marido desviado.

Você tem que saber a quem é devida a sua maior lealdade. Tem que saber que você foi comprada por alto preço, e não foi seu marido quem pagou, *foi Deus*. Portanto, honre a Deus acima de tudo. Submeta-se ao seu marido enquanto fazer isso for submeter-se a Deus. Ame de verdade o seu marido, vivendo uma vida de santidade que brilhe a luz de Cristo nos lugares mais sombrios. Quando houver contradição entre Deus e seu marido, e as linhas forem traçadas na areia, você tem que saber onde pisar antes que ela a surpreenda.

Uma coisa eu sei: Deus faz um caminho para que nós possamos lhe obedecer, quer isso seja por submissão ao marido como convém no Senhor quer seja por exercer uma submissão ao Senhor saindo do compasso de um esposo extraviado. Deus abrirá caminho pelo sangue de seu filho. Você é filha de Deus e ele a ama.

Aliviar, não acrescentar fardos

Para aquelas de nós em casamentos saudáveis, podemos ajudar a aliviar o fardo daquelas que procuram obedecer a

Deus em meio a um casamento tenso, ao recusarmo-nos a agir como se as esposas tivessem o poder de salvar e mudar seus maridos sozinhas. Temos de recusar as distorções das palavras de Pedro, em 1 Pedro 3.1–2: "Mulheres, sede vós, igualmente, submissas a vosso próprio marido, para que, se ele ainda não obedece à palavra, seja ganho, sem palavra alguma, por meio do procedimento de sua esposa, ao observar o vosso honesto comportamento cheio de temor."

Já vi essa boa admoestação às esposas para serem puras e respeitosas mesmo a maridos desobedientes ser distorcida como um fardo pesado, fazendo as *esposas* tentarem ser mediadoras entre o marido e Deus. Já vi até isso ser usado para justificar por que a esposa pode se submeter a alguma coisa pecaminosa. Mas só existe um mediador entre Deus e os homens, e esse é o Senhor Jesus Cristo (1Tm 2.5). A admoestação de Pedro está protegendo as mulheres de participarem da desobediência de seus maridos. Está lembrando-as de que a sua conduta se destaca porque é santa – *pura* e respeitosa. Sua conduta não salva seu marido. Simplesmente tem o *potencial* (não uma garantia) de ganhá-lo ao apontar para a origem da sua pureza—Jesus.

A opressão no casamento é algo que não quero deixar de tratar.[17] Geralmente, mas nem sempre, envolve

---

[17] Um artigo útil para entender a opressão no casamento é o de Darby Strickland, "*Identifying Oppression in Marriages*," Journal of Biblical Counseling 30.2 (2016): 7–21, https://www.ccef.org/wp-content/uploads/2016/01/2-IdentifyingOpression-Strickland-Preview.pdf

um homem dominando sua esposa, ou fisicamente, ou com outros métodos de controle pecaminoso. A razão pela qual digo isso é porque geralmente são os homens que abusam ou oprimem as mulheres, o que não só é comprovado pelas estatísticas mas também pela Bíblia.[18] Como as mulheres são fisicamente mais frágeis, faz sentido que exista uma dinâmica em que o homem pode ferir mais facilmente a mulher do que o contrário. Isso nos faz entender por que a Bíblia requer que os presbíteros da igreja sejam cordatos (1Tm 3.3) e que os maridos amem e cuidem das esposas como fazem com seus próprios corpos (Ef 5.28–29). Isso não quer dizer que, porque as mulheres são fisicamente mais frágeis, elas sejam sempre as vítimas. A esposa pode pecar contra seu marido e seduzi-lo ao pecado, indo atrás de ídolos, como a Bíblia testifica amplamente. Isso significa que a maldição é real. Ao invés de homens e mulheres viverem juntos em harmonia em uma missão, vemos mulheres dominadas por seus maridos, assim como foi predito em Gênesis 3.16. Felizmente, a maldição está sendo desfeita e apagada por Cristo. Ele nos mostra um caminho diferente — em que maridos amam suas esposas em vez de dominá-las (Ef 5.25).

---

18 A autora traz dados referentes aos Estados Unidos, conforme link acessado em 13 de julho de 2018: *"Get the Fact and Figures,"* The National Domestic Violence Hotline, www.thehotline.org/resources/statistics/. Para ver dados referentes ao Brasil, acesse https://www12.senado.leg.br/institucional/omv/entenda-a-violencia/violencia-em-numeros.

Se você estiver em um casamento opressivo, insisto em que busque conselheiros cristãos confiáveis em sua igreja.[19] Nossos casamentos não são relacionamentos privados – estão sujeitos à responsabilidade de nossas igrejas locais. Você faz parte de uma família, um corpo que, na realidade, é de Cristo, e esse corpo tem que saber se um de seus membros está ferido. Precisa saber se uma parte do corpo tem ferido ou controlado outra parte. Bálsamos têm que ser aplicados e infecções extirpadas.

Assim, tanto para mulheres em casamentos sadios quanto para aquelas em casamentos difíceis, o chamado é o mesmo, mas o resultado terreno de seu casamento poderá não ser o mesmo. Ande com Cristo no *seu* casamento, com o *seu* marido, não o meu, e não com o homem com quem você achava que tinha casado.

Perguntas para discussão

1. Em Efésios, Deus nos diz através de Paulo que o casamento é uma representação de Cristo e a igreja, sendo a esposa semelhante à igreja e o marido semelhante a Cristo. Você já se viu acidentalmente revertendo essa metáfora, pensando que Cristo e a igreja são o retrato do casamento na terra? Como isso distorceria as coisas?

---

19 Se a lei foi quebrada, e você ou seus filhos correm perigo, e sua igreja não tem recursos para ajudá-la a ter um plano e a chegar a um lugar seguro, veja se, na sua cidade, existe uma Delegacia de Polícia de Defesa da Mulher ou ligue para 180.

2. Quer seja solteira quer casada, você tem assumido a submissão como parte fundamental da vida cristã? Esposa, você se submete voluntariamente a seu marido como expressão de sua submissão a Deus?
3. Como a Bíblia nos ajuda a pensar corretamente sobre situações de abuso e submissão ao pecado? Com quem deve ser nossa aliança máxima?

10
Mulheres mães

> Transbordou, porém, a graça de nosso Senhor com a fé
> e o amor que há em Cristo Jesus. (1Tm 1.14)

Se Deus lhe der filhos, pode ter certeza de que ele a chamou para isso. Não é um acidente. Esse chamado à maternidade não é de ampla difusão, mas de profundo enraizamento. É o chamado que passa o bastão da fé não só de um lado para outro, ou de colega à colega, mas de geração à geração através dos tempos. É também um chamado à lealdade sem limites às pessoas mais próximas de nós. Nós nos dedicamos a nossos filhos de maneiras que não nos dedicamos a outras pessoas. Os filhos têm nossa prioridade, porque, da mesma forma que precisamos do nosso pai celestial, eles precisam totalmente de nós.

Uma das tarefas mais difíceis – na verdade, impossíveis sem a ajuda de Deus — é desmamar os filhos e transferir sua fonte de vida, conforto e abrigo a outro — para Deus. Este é o alvo de toda mãe cristã. Em todo seu amor, consolo e aconchego do lar, ela é simplesmente aquela que aponta para um lar melhor, duradouro, onde ela já tem um pé na porta e, por sua bondade, está testificando a bondade eterna.

As mães cristãs são declaradas boas por causa de Jesus. Quando Deus nos salvou, ele nos deu seu Filho perfeitamente bom e, agora que temos Jesus, possuímos a bondade! Quando Jesus ascendeu ao céu, ele nos deixou o Espírito Santo para habitar em nós. Essa *bondade* é fruto do Espírito, a qual parece ter sido esquecida por tantas de nós quando fazemos, para qualquer pessoa escutar, com autocomiseração, brincadeiras sobre como somos más (Gl 5.22). Preferimos celebrar os nossos fracassos como uma necessidade de mais graça, em vez de fazer como o salmista instruiu:

> Confia no Senhor e faze o bem; habita na terra e alimenta-te da verdade. (Sl 37.3)

No que parece ser um mal-entendido proposital, a reivindicação da bondade é muitas vezes imediatamente rejeitada como sendo justificação por obras. Mas é exatamente o oposto. É a recusa de continuar no pecado para que abunde a graça. Nossas boas-obras de pés no chão e sujeira debaixo das unhas são evidência da obra terminada de Cristo, não do merecimento de nossa salvação.

Deus responde às perguntas que não fazemos

Quando Deus nos dá filhos, ele responde a muitas perguntas em nossas vidas — até algumas que nunca pensamos em fazer. Perguntas como: O que devo fazer da minha vida? Preciso de quantas horas de sono? Como é entregar meu corpo por outra pessoa? Quanto eu sou *realmente* egoísta? Será que confio no meu marido como pai? De que formas sou estranha para comida? Tenho opiniões fortes quanto a roupas? E quanto às crianças dormirem na casa dos amiguinhos? Qual é a minha visão sobre educação escolar? E sobre atividades extracurriculares?

Quando somos mães tudo vem à tona; muitas vezes isso revela uma versão mais verdadeira a nosso respeito, não porque antes estivéssemos falando mentiras, mas porque agora estamos dando forma à vida, não só a nós mesmas, mas também a outra pessoa. Todos os dias, estamos tomando decisões que podem impactar toda a existência de outra pessoa, e impactam mesmo. Essa pressão de garantir que não estragaremos a vida de nosso filho é realmente intensa. Isso nos leva a refletir sobre aquilo que realmente cremos sobre Deus, nós mesmas e o mundo.

Para aliviar a pressão, algumas mulheres procuram uma torrente de mensagens constantemente animadoras sobre o que é ser mãe. Tudo, o tempo todo, é encorajamento. Nesse apoio infindo, não existem mães más. Toda mãe é imbuída de santidade no momento em que atinge o estado maternal. Nessa miragem da maternidade, as mães são também as donas exclusivas de todo trabalho duro e de todo sacrifício. Certa vez, ouvi um pastor dizer que era impossível a mães de crianças pequenas serem preguiçosas por causa das necessidades constantes que elas têm. Talvez isso fosse verdade quanto às mulheres na vida desse pastor; não questiono a sinceridade dele. Mas isso sempre me perturbou porque sabia que realmente essa não era a verdade. É bem possível que mães de crianças pequenas sejam preguiçosas. É possível que mães sejam ruins. Não preciso procurar muito além de mim para achar dados que atestem isso.

Pode ser que estejamos fazendo mais trabalhos como mães preguiçosas do que quando éramos alunas nota dez, mas isso é como comparar andar de bicicleta na calçada a dirigir uma minivan em uma rodovia movimentada. O padrão não é mais o da vida estudantil. É da vida de mãe - esses pequenos seres humanos sob nossas asas requerem cuidados vinte e quatro horas por dia. Então, quando nós afrouxamos, isso importa, mesmo quando nosso afrouxamento parece pequeno em comparação a quando éramos capazes de dormir oito horas seguidas, ou de parar para tomar um café ou de sair com as amigas.

Não estou dizendo com isso que devemos ficar de olho em nossos filhos todo momento em que estão acordados e esquecer de todas as outras coisas. Estou falando do verdadeiro egoísmo: a escolha de ignorar a briga no quarto de brinquedos em favor de mais dez ou cem minutos na internet, ou de um telefonema, ou de um livro, ou de uma maratona de filmes da Netflix. É a escolha de tratarmos nossos filhos como um grupo ou um rebanho, em vez de ver cada um como um indivíduo com necessidades únicas em um relacionamento um a um conosco. É a escolha de ver suas tarefas e contribuições como algo a que temos direito — fazer isso ser a respeito do nosso próprio bem-estar, e não para o desenvolvimento e crescimento deles.

Vergonha, culpa e o evangelho

Sim, ser uma mãe ruim é uma realidade, e eu nem comecei a arranhar a superfície quanto a todas as formas em que isso pode acontecer. É uma coisa que causa tanta vergonha e senso de culpa nas mulheres, que raramente se fala sobre isso, exceto em forma de humor ou meio de ganhar a piedade de outras pessoas. Mães confessam às outras mães o quanto elas são péssimas, mas só para obter empatia das outras mulheres, não para causar mudanças de vida. (Se me perguntar como é que sei – sou culpada disso!).

Por que tanta vergonha? Por que as mães são os seres mais carregados de culpa do planeta? Não tenho plena certeza, mas acho que sustentar diariamente a vida de pequenos seres tem a ver com isso. Reconhecer que estamos estragando a vida deles pode parecer a pior coisa que dizemos a nosso respeito, à luz do peso do trabalho de estarmos formando a alma desses pequeninos enquanto preservamos sua vida. Sabemos que nossas ações e nossa falta de ação podem determinar o curso de outro ser humano e ser marcado por dor, ou tristeza, ou autodesprezo, ou fracasso, e o que dizer se isso durar mais do que a vida inteira, até o tormento eterno?

Tendemos a escolhas falsas: reconhecemos a natureza séria da nossa tarefa e ficamos esmagadas sob esse peso ou damos de ombros como se nossas falhas não tivessem grande importância. A essa altura, mães cristãs estão acostumadas a escutar: "Você não consegue estragar os seus filhos! Deus os pode salvar a despeito dos erros de criação que você cometeu!" Isso é verdade, e me alegro que Deus tenha feito isso, salvando os mais indignos dos filhos e filhas. Sou grata porque ele o fez por mim e porque nenhuma de nós ou nossos filhos estão além do seu alcance.

Mas em vez de acalmar nossos temores minimizando nosso chamado por Deus para sermos boas mães que criam os filhos no Senhor, só podemos ser realmente livres do medo, da culpa e do perfeccionismo aos pés da cruz. É na cruz que entregamos nossa indiferença e nossos temores quanto ao trabalho que está diante de nós de pastorear almas eternas em favor do investimento total e compromisso pleno a essa tarefa. E é aos pés da cruz que compartilhamos, com a pessoa mais forte do universo, o fardo que o trabalho cria, para que não sejamos esmagadas sob seu peso.

Quando nós, como mães, encharcamos a existência dos nossos filhos com a bondade experimentada que diz: "A minha vida pela sua", operamos o evangelho neles da cabeça aos pés. É uma força mais forte do que podemos imaginar. E se não o fazemos, isso também tem importância. Deus pode salvar os seus filhos a despeito de você? É claro. Mas se você for uma mãe cristã, ele intenta fazer isso tendo você como parte integrante da história. Ser uma mãe cristã sacrificial garante a salvação dos seus filhos? De jeito nenhum. Mas fique certa de que, se Deus quer salvar os seus filhos, ele intenta usar você como um dos que apontam para o seu rosto glorioso e salvador.

A bondade de Cristo transforma *nossos* corações e atos para o bem. Não porque sejamos melhores ou tenhamos ganhado por merecimento a sua bondade; nem porque já não somos pecadoras. Nós não somos o Salvador; somos as suas embaixadoras. Conhecemos a bondade de outro. Podemos ser boas mães porque provamos e vimos que o Senhor é bom, e agora damos provas dele a nossos filhos enquanto sua bondade se derrama através de nós. Podemos ser boas mães porque Cristo entregou a sua vida por nós; portanto, nós podemos entregar nossa vida por eles. Podemos ser boas mães porque nossos pecados foram perdoados e nós podemos perdoar nossos filhos pelos pecados que cometem contra nós. Podemos ser boas mães porque, aos pés da cruz, recebemos a graça de nos arrepender, de deixar todo pecado e de sermos cheias do seu Espírito. E o fruto desse Espírito é bondade.

Podemos ser boas mães sempre e somente por causa de Cristo.

Desenvolvendo nosso segundo melhor

G. K. Chesterton diz, em "Emancipação da Domesticidade", que uma mulher que tenha feito do lar o seu domínio "poderá desenvolver todas as suas segundas melhores qualidades."[20] Em um mundo que funciona com especialização, certamente isso é um enigma.

O que dizer a uma mulher que fez de seu lar e de sua família a sua prioridade, a não ser: "Eu jamais conseguiria fazer isso!". Os deveres de uma mãe são necessariamente amplos e, portanto, proíbem a estreiteza de alguns trabalhos profissionais. As mães possuem uma variedade de interesses e habilidades, como todo mundo. Eu amo escrever, estudar a Bíblia, cozinhar, trabalhar no jardim e, de vez em quando, me envolver em um projeto de tricô, mas estou longe de ser especialista em qualquer dessas atividades. O tempo que dedico a tais atividades está nos cantinhos e pequenos espaços da vida: na hora da soneca da tarde das crianças, depois que elas vão dormir, aqui e acolá, quando consigo um tempinho. O tempo principal de uma mãe é gasto fazendo coisas de mãe. Ensinando, preparando as refeições, limpando, instruindo, lavando roupas, trocando fraldas, abraçando e dando cheirinhos, fazendo compras, ajeitando as coisas e amando.

---

20 G. K. Chesterton, *What's Wrong with the World* (San Francisco, CA: Ignatius Press, 1994), 56.

Chesterton diz que "tem que haver em todo centro da humanidade um ser humano que esteja em plano maior; que não apenas 'dá o seu melhor,' mas dá seu tudo."[21]

Quando as crianças são pequenas, é fácil achar que nunca chegará a hora em que possa se dedicar a sua área de interesse, que estará perpetuamente, como dizia Bilbo: "ralo, um tanto espichado [...], como manteiga espalhada sobre pão demais."[22] No entanto, o que me deixa maravilhada na maternidade quanto à mescla de nossos dons e capacidades é como Deus tira de nós e simultaneamente nos capacita de maneiras que nunca teríamos imaginado antes.

Deus nos dá dons e habilidades; depois ele nos dá filhos. E talvez pareça que ele errou quando nossos dons e nossas habilidades parecem completamente irrelevantes à tarefa de criar filhos e cuidar do lar. Talvez tenhamos recebido nota máxima em história da arte, escrita criativa e biologia, mas como é que isso nos ajuda quando a pilha de roupas para lavar chega a nível épico? Poderíamos estar acostumadas ao sentimento de proficiência em nossos dias antes de sermos mães, graduadas com louvor e altamente recomendadas por nossos professores ou chefes, mas como isso se transfere às tarefas de preparar uma refeição com um bebê chorão no quadril e outro de dois

---

21 Ibid
22 J. R. R. Tolkien, *The Fellowship of the Ring* (Boston: Houghton Mifflin, 2002), 32.

anos com talento natural para provar repetidamente as leis do movimento, de Newton?

No entanto, as suas especializações, sua educação, seu esforço máximo para obter excelentes notas em todas as matérias têm seu lugar no lar. O jeito que você se aplicou será necessário agora. A disciplina em sala de aula simplesmente atingiu agora o seu alvo: a vida real. Na vida real, as lições exigem seu tudo em vez de seu melhor. As lições em que temos de nos envolver são agora do tipo passar ou ser reprovada. Teve jantar? Sim? Passou. Tem roupas para vestir? Sim? Passou. Talvez a pergunta que sustente todas elas: Você entregou de si tudo que Cristo lhe deu?

A maternidade imita a cruz

Nos intensos anos de maternidade, Deus está nos moldando, dobrando e esticando. Deus colocou em nós a maternidade, não um vírus ou bactéria. Se formos as mesmas no final como fomos no começo, alguma coisa deu errado. Deus está na obra de nos transformar, e a maternidade é uma forma expressiva de nos arrasar e nos reconstruir.

Deus usará nossa história, nosso preparo acadêmico, nossas realizações anteriores ao tempo que nos tornamos mães, com um propósito que talvez não apreciemos imediatamente: mostrar quem somos quando elas nos são tiradas. Quem somos quando estamos lutando para amamentar um bebê recém-nascido que não consegue pegar o bico e sugar? Como reagimos quando somos jogadas em um mundo de suprimentos médicos, consultas e terapias, ao descobrirmos que o cérebro do nosso bebê não se desenvolveu da forma normal? Nesse sentido, a maternidade imita a cruz; é a grande niveladora das mulheres. Os bebês não se importam se você tem doutorado. Uma criança em um acesso de raiva descontrolada não vai se acalmar por você ter alcançado média máxima na universidade. Isso não quer dizer que essas realizações não têm valor, mas que seu valor só é transmitido se tiver frutos ao disciplinar nosso caráter para uma maior piedade, para que sejamos mais parecidas com Cristo.

Sendo assim, mães, libertem-se da necessidade de correrem atrás de serem a melhor e, em vez disso, deem tudo o que têm a todas as coisas que Deus colocou diante de vocês. Entregue tudo de si ao contar histórias para os seus filhos, dê seu máximo esforço para limpar as coisas que estão sujas, dê tudo de si ao preparar as refeições que têm de encher as barriguinhas, dê tudo para treinar os seus em retidão, entregue tudo que têm nos cantinhos escondidos da vida dos seus interesses singulares.

Quando olhamos para a obra de Cristo por nós, vemos que ele não poupou nada. Se for verdade o que Paulo diz aos Colossenses — que Cristo criou *todas as coisas*, que ele é antes de *todas as coisas*, que ele mantém juntas *todas as coisas* e que *tudo* está sendo reconciliado com Deus por meio de Cristo — acho seguro afirmar que *todas as coisas* que uma mãe cristã faz têm significado eterno. Não havia nada de meia-vontade quanto à morte de Jesus sobre a cruz. O velho hino nos lembra: "Jesus pagou *tudo*; eu devo *tudo* a ele."[23] Como mães, entregamos tudo, porque foi isso que Jesus fez. Podemos entregar nosso tudo na força e no poder que ele supre.

Quando entregamos nosso tudo nas coisas que parecem pequenas, mas custosas, não podemos antever nosso futuro. Nunca saberemos para onde Deus nos levará ou como o estado atual das coisas vão nos formar para o serviço futuro. Assim como Bilbo nunca previu sua jornada final às terras eternas, depois dos anos em que ficou espichado e raso, as mães jamais saberão como Deus está trabalhando por nós para os anos que estão à frente. Afinal, os hobbits são coisinhas surpreendentes. E eu suponho que as mães também sejam.

Perguntas para discussão

1. Quais são as mensagens que o mundo dá sobre ser mãe? Como essas mensagens diferem do que diz a Bíblia?
2. O que faz uma mãe ser ruim? Como nos tornamos boas mães?
3. Como dar tudo que somos como mães sem fazer com que isso seja a respeito de nós mesmas, mas tudo sobre Cristo?

---

23 Elvina M. Hall, "*Jesus Paid It All*" (1865), Cyberhymnal.org, http://cyberhymnal.org/htm/j/p/jpaidall.htm.

11
Mulheres trabalhadoras

> Tudo quanto fizerdes, fazei-o de todo o coração, como para o Senhor e não para homens, cientes de que recebereis do Senhor a recompensa da herança. A Cristo, o Senhor, é que estais servindo. (Cl 3.23-24)

> Pois somos feitura dele, criados em Cristo Jesus para boas obras, as quais Deus de antemão preparou para que andássemos nelas. (Ef 2.10)

O que pode deixar uma mulher tensa, fazendo com que ela sinta tudo, desde vergonha até orgulho, embaraço e medo? Pergunte a ela com o que ela trabalha.

Entre cristãos, não deveria ser assim, mas infelizmente, muitas pessoas comprovam isso. Mulheres solteiras podem sentir que, de alguma maneira, estão perdendo por não serem mães e gostariam de não precisar trabalhar para o próprio sustento. Outras podem estar felizes por abrir mão de ter marido e filhos, e se alegram em sua carreira profissional. Se uma mãe trabalha fora de casa, pode temer o juízo, real ou imaginário, de algumas mães que são do lar. Se a mãe assumiu ficar em casa para cuidar do lar em tempo integral, ela também tende a ser julgada, de maneira real ou imaginária, por suas colegas que trabalham fora. Melhor colocado, esses são tanto juízos reais *e* imaginários para ambas as escolhas das mulheres.

Antes de entrar com os dois pés em águas turvas, vamos tirar um tempo para deixar de lado nossos pressupostos? Podemos achar que, porque uma mulher prioriza sua casa, e com isso não recebe pagamento regular, ela se opõe ardentemente a qualquer trabalho fora de casa, e presumimos também que, porque uma mulher recebe holerite mensal, ela despreza o trabalho do lar. Tais pressupostos são maldosos e perigosos, e criam divisões exacerbadas no corpo de Cristo.

Temos também que reconhecer o nosso alvo como mulheres cristãs; não é liberdade para fazermos o que quisermos sem Deus, mas liberdade para fazermos a vontade de Deus. Queremos isso para nós mesmas e para nossas irmãs em Cristo. Então, que princípios a Bíblia nos oferece em relação às mulheres e o trabalho?

Primeiro, o trabalho não é opcional. Deus colocou homem e mulher no Jardim para o trabalho. Deus deu domínio a ambos. Por toda a Escritura, vemos claramente que homens e mulheres são semelhantes, não idênticos. Segue, portanto, que nosso trabalho será similar, com muitas coincidências, mas não idêntico. Homens e mulheres devem exercer domínio sobre a terra, cultivá-la e cuidar dela. Devemos nos dedicar às boas obras para a glória de Cristo e difusão do evangelho.

A Palavra de Deus não se cala quanto às prioridades que as mulheres, em especial, devem ter. Fomos criadas para sermos ajudadoras, parceiras no trabalho (Gn 2.18), tendo como prioridade o lar (Tito 2.5) como lugar de indústria, hospitalidade e alívio (Pv 31.10–31). Mulheres devem ser destemidas em face de coisas assustadoras e submissas ao próprio marido, cultivando uma beleza interna acima da externa (1Pe 3.1–6). Devemos ser exemplos de chefes generosas, servindo com altruísmo, e de maternidade espiritual (Rm 16.1–13). Mulheres gerenciam as circunstâncias difíceis que requerem ação e prudência, como Abigail, Jael e Débora exemplificam. As mulheres devem exercer os dons que lhes foram dados pelo Espírito de Deus na igreja local (Rm 12.6–8; 1Co 12). Sob, em, acima de e cercando tudo isso está o entendimento de que tudo que a mulher faz é por, para e por meio de Cristo (Cl 1.16–17).

Suprir necessidades reais

A pergunta pertinente para as mulheres que entram na força de trabalho, ou na condição de mães, ou no estabelecimento de seu lar, ou em qualquer outra esfera de trabalho é: estou obedecendo fielmente a Deus como sua filha, suprindo, com brandura, as necessidades autênticas de outras pessoas ou estou buscando minha autorrealização, minha atualização própria ou minha ambição egoísta à parte dele?

A nossa fidelidade requer primeiramente uma espécie de morte — morte do eu e da ambição egoísta. Contudo, a morte conduz à vida — vida na qual Cristo está operando a sua vontade dentro e fora de tudo que fazemos. Como exatamente essa morte vai parecer varia de pessoa para pessoa, mas em cada caso será um ato do evangelho, um espetáculo da crucificação com Cristo.

Para uma mãe solteira que tem que trabalhar para obter o sustento, priorizar Cristo e o lar pode significar fazer o que é necessário para prover as necessidades de seus filhos e se dedicar trabalhando, primeiramente, no emprego e depois em casa, com alto preço para si mesma, para a glória de Deus e o bem de seus filhos.

Para uma mulher solteira sem filhos, pode significar a consideração de missões transculturais ou andar destemida em seu trabalho enquanto guarda algumas reservas para a vida da igreja, ou investir em sua vizinhança ou abrir sua casa, quer seja um apartamento ou apenas um cômodo, a fim de compartilhar aquilo que ela tem, em especial, Cristo.

Para uma mãe casada que vive os afazeres domésticos enquanto cria seus filhos pequeninos, isso pode significar tarefas físicas e treinos que parecem intermináveis e a entrega de sentimentos de proficiência que tinha antes de ser mãe, já que agora ela não consegue mais obter nota 10 por seu trabalho duro ou ganhar uma promoção.

Para a mãe com um emprego que contribui financeiramente em casa, mas não de forma essencial, isso pode significar abrir mão desse trabalho e da garantia financeira extra para que ela possa, intencionalmente, semear as sementes do evangelho em seus filhos. Ou pode significar manter o emprego e usar seus dons ao servir ao próximo.

Para a mulher cujo marido enfrenta o desemprego ou alguma deficiência a longo prazo por doença ou acidente, pode significar que ela terá que ser o arrimo da casa, ou cuidadora, carregando nos ombros uma responsabilidade maior do que talvez tenha desejado.

Para a mãe que está ficando mais velha cujos filhos já estão com maior independência, pode significar uma mudança no tipo de trabalho que ela faz, considerando corajosamente as opções e fazendo coisas que não fazia há muito tempo ou tentando fazer algo totalmente novo.

Andar fielmente através da vida real

Às vezes, as nossas circunstâncias não são ideais. Aqui não é o céu. O chamado para entregar nossas vidas tomará diferentes formas. Mas esse é o nosso chamado, com suas incontáveis manifestações, não porque somos aquelas que finalmente salvarão nossos filhos, ou famílias, ou vizinhos, ou nós mesmas. Não somos Cristo. Somos cristãs. Com alegria, seguimos o Homem Deus, que entregou sua própria vida para suprir nossas necessidades mais profundas. Fazemos, com felicidade, eco ao seu grande sacrifício em nossas pequenas mortes para o ego.

Buscamos viver fielmente a vida que Deus nos deu, não a que esperávamos ou desejávamos ter. Tomamos os princípios dados pelo próprio Deus — de trabalho e domínio, a prioridade do lar, generosidade e hospitalidade, cuidando das crianças e dos adultos (de seus corpos e de suas almas) — e os aplicamos à vida real à nossa frente. Não o ideal. Não a fantasia, mas a vida real que Deus nos deu.

As vidas cotidianas de mulheres cristãs não vão ser todas parecidas. Mas os nossos corações serão profundamente unidos, mais do que em qualquer reunião exclusiva de mulheres que trabalham fora ou dentro de casa, ou fazem trabalho domiciliar, ou de qualquer outra categoria, porque estamos unidas em Cristo.

Dê muito valor a Jesus

Compreendemos como é, em nossa situação específica, a fidelidade, por meio da direção que o próprio Deus nos dá em sua Palavra, pelo Espírito, por meio do conselho de nossa igreja local. Nossa comunidade do pacto e os relacionamentos contidos nela proverão o contexto para entedermos o que significa aplicar os princípios bíblicos à nossa vida específica. A base da Palavra de Deus, do Espírito de Deus e do povo de Deus é onde vamos obter sabedoria.

O nosso trabalho — quer seja dentro de casa quer fora dela — não é sobre nós mesmas. Nas se trata de fazermos um nome para nós, com uma carreira fabulosa, ou sermos superiores porque as coisas deram certo e estamos fazendo tudo "direitinho" ou "conseguindo vencer em tudo." Se desejamos, acima de tudo, fazer um nome para nós, gratificando a nós mesmas, temos que nos lembrar de que servimos àquele cujo nome está acima de todos os nomes. Ele não nos aceita como competidoras. E muito melhor que formar um nome para nós, ele escreveu nossos nomes em seu livro, não por termos um trabalho excelente, mas porque somos suas filhas.

Portanto, trabalhe realmente com afinco. Faça um trabalho surpreendentemente bom. Seja excelente em tudo que puder, em cada área de sua vida, com a felicidade que esquece de si mesma para se entregar e confiar em um salvador que é servo incansável. Confie no autor do Livro da Vida do Cordeiro para guiá-la em todas as circunstâncias e em toda boa obra que ele preparou de antemão para você.

Trabalhar é ordenar

Todo trabalho é ordenar, colocar novamente em ordem, manter a ordem ou descobrir a ordem. Pelo menos, todo bom trabalho deveria ser assim. Um médico verifica o corpo; certifica-se de que tudo está em ordem. Reordena, se possível, o que está em desordem. O cientista descobre a ordem das coisas, testando-as, provando-as, fazendo experimentos e relatando suas descobertas às pessoas. Elas, por sua vez, poderão utilizar essa ordem para um bem maior. Os pais põem ordem nos pequeninos. Instruem, disciplinam, ensinam. Eles trazem ordem e estrutura para a humanidade.

Uma dona de casa ordena e reorganiza sua casa. O cozinheiro ordena e prepara os alimentos crus. A empresária põe ordem nas pessoas, ideias, sistemas e dados. O pintor põe ordem nas cores líquidas. Um contador ordena corretamente números, dinheiro e as leis pertinentes. O escritor põe ordem nas palavras. O ministro do evangelho ordena os corações das pessoas.

A ordenação certa produz satisfação, e quanto mais ordem e disciplina trouxermos às coisas, mais prazer teremos nelas. Essa é uma razão pela qual Deus é perfeitamente feliz. Ele é perfeitamente ordeiro, e tudo que ele faz é perfeitamente cumprido. Não podia ser melhor nem ir mais longe. Todas as suas obras estão completas, em plena ordem.

Quanto mais nós amamos a ordem de Deus, mais o conhecemos como belamente ordenado em si mesmo, mais contentes seremos quanto a como ele nos ordenou, nossa feminilidade, nossos corpos, e mais dispostas estaremos para assumir o trabalho, ou pôr em ordem aquilo, que ele colocou em nossas vidas.

Para nós mulheres, uma das dificuldades de colocar as coisas em ordem – nosso trabalho externo — é a nossa ordem interna. Mente e coração desordenados podem ser evidenciados tanto no chiqueiro quanto na aparente perfeição que apresentamos. Podemos ser uma desordem por dentro, extremamente desejosas de que as coisas fiquem bem com Deus, ignorando toda evidência do contrário, e o jeito que tentamos aquietar a desordem interna é tornando tudo perfeito do lado de fora. Ou podemos estar em outro tipo de desordem: o tipo que cede a toda espécie de distração nas redes sociais e longas conversas com uma pessoa após outra, indo de casa em casa, tudo para evitar o verdadeiro trabalho que Deus designou para nós. Ou, se você for como eu, pode até vacilar entre esses dois extremos!

Uma coisa fica clara: mente e coração em desordem não estão livres para as boas obras. Arrependa-se, creia nas boas-novas e receba a obra que Cristo fez em seu favor. Participe da ordem que ele tem para sua vida, submetendo-se a ele. Olhe à sua volta e veja o plano de submissão escrito em toda parte deste mundo: a terra se submete e recebe do sol, da lua, dos ventos, do clima; uma árvore se submete e recebe do solo e da chuva; a madeira recebe o prego; o travesseiro sucumbe a uma cabeça que deita sobre ele, como faz o cavalo com sua sela, um empregado a seu patrão, um filho aos seus pais, uma mulher a seu marido, a igreja a Cristo, e Cristo a Deus Pai.

Somos parte da obra de Deus, portanto, temos uma ordem. Isso significa que imitamos, de maneira limitada, as atividades divinas. Não temos o controle como Deus, portanto, nossos esforços, muitas vezes, serão frustrados pela Queda e pelas circunstâncias externas. Não desistamos! Podemos trazer ordem a nossas diversas áreas de trabalho, conforme Deus julgar melhor, e, ao fazer isso, temos que nos lembrar de que *servimos ao Senhor Jesus Cristo*. Nosso trabalho tem valor.

Perguntas para discussão
1. O que a Bíblia diz sobre trabalho: as pessoas devem ou não trabalhar? Que princípios ela nos dá quanto ao trabalho?
2. Que pessoas e circunstâncias Deus colocou na sua vida que dão forma ao tipo de trabalho que você realiza a cada dia?
3. Você está disposta a abrir mão de suas preferências e desejos pessoais para fazer o trabalho que Deus colocou diante de você? Está disposta a "fazer, de todo coração, como ao Senhor" o trabalho nas áreas que você aprecia e naquelas que lhe parecem desafiadoras?

12
Mulheres discipuladoras

[...] o qual nós anunciamos, advertindo a todo homem e ensinando a todo homem em toda a sabedoria, a fim de que apresentemos todo homem perfeito em Cristo. (Cl 1,28)

Porque, ainda que tivésseis milhares de preceptores em Cristo, não teríeis, contudo, muitos pais; pois eu, pelo evangelho, vos gerei em Cristo Jesus. (1Co 4.15)

Ainda me lembro do lema do programa de evangelismo e discipulado que o grupo da mocidade da minha igreja usava durante meus anos de ensino médio: "Edificar. Equipar. Ganhar". Éramos ensinados como edificar as pessoas no conhecimento de Deus, como equipá-las com a Palavra e, então, como ganhá-las como discípulas de Jesus. O que eu não percebia é que *eu* estava sendo discipulada por meu pastor e pelos voluntários adultos com esse programa, mesmo quando pensava que estava ali apenas para ajudar as pessoas que *realmente* precisavam. Ao aprender como caminhar junto de outros, *eu* fui ensinada sobre o que significa seguir Jesus. *Eu* testemunhei a fidelidade dos ministros voluntários no grupo da mocidade; *eu* fui ensinada na Palavra de Deus; *eu* estava sendo encharcada por estudos bíblicos e grupos de oração. Enquanto eu estendia a mão para amigos e estranhos procurando alcançá-los com o amor de Deus, era o meu coração que era levado para a glória de Cristo, cativado por sua beleza.

Discipulado é a coisa mais flexível, esquisita e suculenta que já encontrei. Pode florescer com a menor das sementes e pouquíssima água. O que quero dizer com isso? É impossível reprimir. Se você for uma mulher sem outras cristãs à sua volta para discipulá-la, de alguma forma, Deus garantirá que você cresça nele. Talvez ele o faça diretamente por meio de seu Espírito e de sua Palavra. Quem sabe Deus use uma mulher que morreu há muito tempo e escreveu um livro há cem anos, em um país diferente daquele onde você vive, para fazê-la crescer nele. Pode ser que ele use mulheres piedosas a quem você mal conhece, mas tem oportunidade de observar a certa distância. Ele pode usar textos, e-mails, artigos de irmãos e irmãs na internet para discipulá-la ou, entre todas as coisas loucas, o Facebook.

O discipulado é impossível de ser estagnado, porque o nosso Deus é irreprimível e impossível de ser estagnado na vida de seus filhos. Ele não a deixará sozinha. Paulo coloca da seguinte forma:

Quem é Apolo? E quem é Paulo? Servos por meio de quem crestes, e isto conforme o Senhor concedeu a cada um. Eu plantei, Apolo regou; mas o crescimento veio de Deus. De modo que nem o que planta é alguma coisa, nem o que rega, mas Deus, que dá o crescimento. (1Co 3.5–7)

Quando reconhecemos que Deus é quem dá crescimento, reconhecemos que o Senhor pode usar seu povo de maneiras surpreendentemente não convencionais, discipulando aqueles a quem ele chama para si. Isso deve nos dar imensa confiança quando procuramos crescer e fazer discípulos. Se Deus é quem nos move, podemos confiar que ele cumprirá os seus propósitos de salvar e tornará maduro o seu povo.

O alvo do discipulado

O que é fazer discípulos? David Mathis chama isso de "paternidade e maternidade espirituais."[24] Ele diz: "É atenção e direção pessoais de uma geração espiritual à próxima."[25] Se não houver semelhança entre ser mãe e discipular, estaremos fazendo tudo errado. Tito 2 descreve esse fazer discípulas de mulher para mulher da seguinte forma:

Quanto às mulheres idosas, semelhantemente, que sejam sérias em seu proceder, não caluniadoras, não escravizadas a muito vinho; sejam mestras do bem, a fim de

---

24 David Mathis, *"The Cost of Disciple-Making,"* Desiring God, acessado em 13 de julho de 2018, www.desiringgod.org/messages/the-cost-of-disciple-making.
25 Ibid.

instruírem as jovens recém-casadas a amarem ao marido e a seus filhos, a serem sensatas, honestas, boas donas de casa, bondosas, sujeitas ao marido, para que a palavra de Deus não seja difamada. (Tt 2.3-5)

Quando se trata de filhos, os espirituais são os únicos que duram para a eternidade. Uma mãe biológica é tão estéril quanto um graveto seco se seus filhos não forem filhos espirituais. E uma mulher estéril pode ser tão fértil quanto o Nilo com seus filhos e filhas espirituais.

Quando meus filhos mais velhos ainda eram bebês, eu tentei numerosos projetos de tricô. Minha avó era maravilhosa em tricô e crochê. Ela me ensinou um pouco quando eu era menina, mas morreu quando eu tinha dezesseis anos, e não estava por perto para me ajudar a desenvolver minhas habilidades. Comprei um livro, espesso como a Bíblia, sobre tricô, e me dispus a decifrar os códigos da sua linguagem. Foi bastante difícil e, no fim, eu estava fadada a escolher apenas os moldes mais simples porque não tinha uma professora que pudesse me mostrar, em pessoa, repetidamente, como fazer os pontos. Acabei completando apenas alguns itens mais básicos e os fiz com muito esforço. Tito 2 mostra um retrato diferente.

Uma discípula conforme Tito 2 tem uma mulher mais velha para sugerir que ela respire profundamente quando se sentir ofendida por uma passagem da Escritura. Ela tem alguém sentada junto a ela durante a tensão, manejando habilmente a Palavra de Deus diante de seus olhos. Em outras palavras, a aprendiz possui uma mestra tricoteira por perto para mostrar, com paciência, as habilidades que criam os pontos da vida em Cristo. Essa mulher mais madura está passando adiante as suas receitas fáceis para alimentar uma multidão, a fim de que a hospitalidade comece a crescer; ela dá sugestões quanto a horários e organização, na esperança de que um lar bem gerenciado fique mais livre para o trabalho do ministério. Ela tem olho hábil para identificar, e apontar para, todas as maneiras em que Deus já está operando nessa discípula mais jovem. Também está fazendo coisas criadas exatamente para essa mulher, junto dela — fortalecendo-a nas *suas* fraquezas, dando graças por *seus* pontos fortes e, em tudo, segurando firme em Cristo e na sua Palavra.

Ensinando para aprender, aprendendo para ensinar

Às vezes, o modo pelo qual Deus nos faz crescer é nos forçando a ensinar a outros. Talvez estejamos desejosas de uma senhora mais velha, ideal, como a de Tito 2, que derrame sua sabedoria sobre nós. Mas, quem sabe, Deus quer que nós utilizemos esse anseio como catalisador para que nos tornemos essa mulher mais velha e mais sábia que desejávamos ter. Jamais aprenderemos tão bem quanto quando temos que ensinar.

Enfim, nosso alvo é simplesmente este: tornar Cristo o centro e o alvo de todo relacionamento, para a glória de Deus. Dietrich Bonhoeffer diz:

> O chamado de Jesus nos ensina que a relação que temos com o mundo foi construída sobre uma ilusão. Todo tempo, achávamos que tínhamos uma relação direta com as pessoas. Isso nos impedia de ter fé e obediência. Agora aprendemos que nos relacionamentos mais íntimos da vida, com nosso pai e mãe, irmãos e irmãs, no amor do casamento e em nosso dever para com a comunidade, os relacionamentos diretos são impossíveis. Desde a vinda de Cristo, os seus seguidores não possuem mais suas próprias realidades imediatas, nem em suas relações familiares, nem em seus laços com a nação, nem nos relacionamentos formados no processo de vivência. Entre pai e filho, marido e mulher, indivíduo e nação, é Cristo o mediador, quer eles o reconheçam quer não. Nós não podemos estabelecer contato direto fora de nós exceto por meio dele, por sua Palavra e por segui-lo. Pensar de outro jeito será enganar a nós mesmos.[26]

Trazer Cristo para toda interação e todo relacionamento é a obra do discipulado – não que nós precisemos levá-lo, como se ele já não estivesse presente, mas porque

---

26 Dietrich Bonhoeffer, *Discipulado* (Cajamar, SP: Mundo Cristão, 2016).

nós estávamos alheias à sua presença. Pensamos que podemos ver as coisas corretamente e crescer sem ele. Agimos como se nossos relacionamentos e nossas interações acontecessem sem ele, quando, de fato, *nada* acontece sem Cristo e sua presença ativa. Fazer discípulos é ajudar outras pessoas a verem Cristo como ele é: antes de todas as coisas, aquele que sustenta todas as coisas, tudo em todos. Ao ajudar o próximo, nossa própria fé se torna visível.

Perguntas para discussão

1. Existem mulheres em sua vida que a educaram no Senhor, ensinando-a a ser discípula de Jesus? Quem? Se você não teve discipuladoras, como você tem crescido no Senhor?
2. De que forma você pode continuar aprendendo com outros crentes a fim de obter maturidade em Cristo?
3. A quem você pode começar a nutrir no Senhor, ensinando-a sobre Jesus Cristo e ajudando-a a entender melhor como aplicar a Palavra de Deus à sua vida?

TERCEIRA PARTE

MULHERES DESTEMIDAS E LIVRES – EM CRISTO

A ele seja a glória, na igreja e em Cristo Jesus, por todas as gerações, para todo o sempre. Amém! (Ef 3.21)

13
Mulheres fortes e fracas

> Então, ele me disse: A minha graça te basta, porque o poder se aperfeiçoa na fraqueza. De boa vontade, pois, mais me gloriarei nas fraquezas, para que sobre mim repouse o poder de Cristo. (2Co 12.9).

> Quem é esta que aparece como a alva do dia, formosa como a lua, pura como o sol, formidável como um exército com bandeiras? (Ct 6.10)

Quem mesmo? Uma mulher, claro.

Onde, senão nas Escrituras, poderíamos encontrar maternidade tão gloriosa quanto essa? Quem, a não ser nosso Deus, poderia projetar algo com beleza deslumbrante e, ao mesmo tempo, força robusta? Os Salmos e Provérbios preenchem essa versão da mulher que nos mostra fortaleza vestida de esplendor — a mulher que preside sobre seu domínio com braços fortes e grande habilidade em obter recursos (Pv 31.10–31); filhas que são colunas, cujo apoio forte só se iguala à sua sublimidade (Sl 144.12).

Mesmo para o mundo, parece difícil discordar de uma força como essa. Quem não admira tal força e beleza? Infelizmente, contudo, o mundo insiste em que troquemos essa espécie de força por uma competição obcecada de varas de medir. Parece que em nossa cultura a mulher só é forte quando *comparada a um homem*. Em vez de encontrar relevância na unicidade da força feminina, nós a diminuímos e a degradamos, só encontrando significado e valor nas comparações impossíveis entre maças e laranjas. É um triste consolo que troca a glória da força feminina por uma corrida na esteira que não leva a lugar nenhum.

Às vezes mulheres cristãs, que rejeitariam qualquer competição com os homens, se envolvem em outra espécie de competição: umas com as outras. Contanto que elas consigam passar à frente da mulher do lado, tudo vai bem. Dizemos que queremos igualdade, mas isso só é verdade se estivermos no lado perdedor.

A glória da desigualdade

Elisabeth Elliot disse: "Nossas desigualdades são [...] essenciais para a imagem de Deus."[27] Este era seu jeito provocante de dizer que homens e mulheres são diferentes — ela não estava afirmando que o valor ou seus valores fossem desiguais, mas simplesmente, que nós

---

27 Elisabeth Elliot, "*The Essence of Femininity: A Personal Perspective*," Revive Our Hearts, acessado em 13 de julho de 2018, https://www.reviveourhearts.com/articles/essence-femininity-personal-perspective/.

somos diferentes e desempenhamos papéis diferentes, mas que se sobrepõem. Existe um tipo de igualdade na desigualdade para homens e mulheres, significando que a desiguladade ocorre em ambos os lados. Ainda não conheci um homem que tivesse outro ser humano crescendo dentro de seu corpo, trazendo-o ao mundo, mesmo que algumas mulheres tenham tentado se fazer de homens e o digam ter conseguido. Jamais conheci uma mulher que pudesse engravidar a outra, levando dentro de si a semente da vida, como alguns homens que tentaram se fazer mulheres e dizem ter conseguido exatamente isso.

Quando somos fracas, é natural começar a invejar o forte. Especialmente nossas irmãs que são tão semelhantes a nós, mas apenas um pouco melhores que nós em tudo, um pouco mais fortes, mais bem-ajustadas. Joe Rigney diz que a inveja tende a ser gerada perto de casa.[28] Eu não gasto meu tempo reclamando sobre as forças e os talentos da blogueira e escritora, Ree Drummond. Nunca me comparei às minhas heroínas na fé como Corrie Ten Boom. Mas como sou rápida em avaliar meus pontos fracos à luz das forças de minha querida amiga Christy, a quem Deus dotou de maravilhosa organização, hospitalidade e humor? Quão depressa consigo medir minha falta em relação à força da minha irmã de enorme

---

28 Joe Rigney, "*Envy and Rivalry in Ministry: The Great Danger Facing the Young, Restless, and Reformed,*" Desiring God, acessado em 13 de julho de 2018, http://www.desiringgod.org/articles/envy-and-rivalry-in-ministry.

coração, Jessica, que vive uma vida sacrificada em um país estrangeiro?

Quando vemos a força de nossas irmãs em Cristo e enxergamos nossa própria fraqueza, não parece haver qualquer espécie de igualdade na desigualdade. Para que não tentemos forçar essa espécie de igualdade, devemos ouvir do nosso Senhor através de Paulo:

Porque, pela graça que me foi dada, digo a cada um dentre vós que não pense de si mesmo além do que convém; antes, pense com moderação, segundo a medida da fé que Deus repartiu a cada um. Porque assim como num só corpo temos muitos membros, mas nem todos os membros têm a mesma função, assim também nós, conquanto muitos, somos um só corpo em Cristo e membros uns dos outros, tendo, porém, diferentes dons segundo a graça que nos foi dada: se profecia, seja segundo a proporção da fé; se ministério, dediquemo-nos ao ministério; ou o que ensina esmere-se no fazê-lo; ou o que exorta faça-o com dedicação; o que contribui, com liberalidade; o que preside, com diligência; quem exerce misericórdia, com alegria. (Rm 12.3–8)

Qual é o verdadeiro ladrão da alegria?

Não existe igualdade nos dons de Deus. Ele é livre para dar aquilo que escolhe — essa é a natureza de um dom. Ninguém nos deve igualdade, não importa que mentiras a ética americana tentou costurar no tecido de nossas mentes. Devemos pegar nossos rasgadores de costuras e arrancar tais mentiras. O simples fato de que algumas pessoas tenham recebido mais dons que outras não diminui o valor daquilo que Deus concedeu a cada uma.

Outro fato surpreendente sobre a passagem acima é que Deus espera que nós meçamos nossa fé à luz da fé de outros. Ele deseja que observemos as discrepâncias, a fim de nos humilharmos e tornarmos sóbrias – não choramingonas, achando que merecíamos mais. Existe uma saída para não se deprimir com as comparações. Há uma saída para não permitir que isso roube a nossa alegria — sermos humilhadas por isso e tornarmo-nos sérias quanto ao servir ao Senhor com a porção que nos foi dada. "E se o ladrão da alegria não for a comparação," disse Theodore Roosevelt, mas sim a "nossa indisposição de nos alegrar com os dons das outras pessoas?" O que dizer quando, por acaso, notamos o quanto a outra pessoa está bem? Na verdade, ser invejosa é evidência de um coração encolhido, incapaz de agradecer a Deus pelos sucessos das outras pessoas. Conheço mulheres que desejam fertilizar mil alqueires de terra com o pequeno monturo de adubo que receberam, constantemente aprendendo e colhendo daqueles que estão ao seu redor, sem medo de não alcançar a medida do próximo. Outras ficam sentadas em cima de suas montanhas de estrume, fazendo apenas bolinhos de lama. Ah! Se pudéssemos deixar que a medida de nossa fé

– quer pequena quer grande – alimentasse o fogo em nós para usarmos os nossos dons para Deus.

Mas o que fazer quando nossas fraquezas parecem mais fortes do que a nossa força? O que acontece quando a medida da fé é minúscula e nossos dons são engolidos pela nossa fraqueza? É aí que fazemos algo muito estranho: nos gabamos. Ao segurarmos firmes em Jesus, em quem nossa minúscula fé está plenamente firmada, reconhecemos nossa fraqueza e nos gloriamos nela.

Então, ele me disse: A minha graça te basta, porque o poder se aperfeiçoa na fraqueza. De boa vontade, pois, mais me gloriarei nas fraquezas, para que sobre mim repouse o poder de Cristo. Pelo que sinto prazer nas fraquezas, nas injúrias, nas necessidades, nas perseguições, nas angústias, por amor de Cristo. Porque, quando sou fraco, então, é que sou forte. (2Co 12.9–10)

Carente, porém plena

A privação de sono faz enorme parte da minha vida como mãe de um filho com necessidades especiais, que tem problemas neurológicos do sono. Nosso filho tem quatro anos e é o mais novo de cinco filhos, assim, temos gastado bastante tempo de vida dormindo menos do que deveríamos, mas nunca isso foi tão ruim quanto nos últimos quatro anos. Você pode imaginar o quanto tenho me sentido fraca nesses últimos anos. Além disso, tenho me desesperado, sentindo que estou enlouquecendo, no fim das minhas forças, sob ataque feroz com tudo que é oposto a sentir-me forte – sem mencionar o quanto me sinto ridiculamente cansada a ponto de delirar. Se alguém tivesse me dito, quatro anos atrás, que eu estaria enfrentando anos de significativa privação de sono sem previsão de alívio, eu teria dito: "Eu não consigo fazer isso. Sou a pessoa errada. Sem dormir eu fico irracional, deprimida, esquecida e um pouco louca".

Então, como estou sentada aqui digitando ferozmente em vez de estar encolhida em uma poça no chão? Como é que, quando estou em uma poça no chão (o que frequentemente acontece!), de alguma forma, existe graça suficiente no rolo de papel-toalha? Como existem risos e gargalhadas divertidas dentro do meu lar? Como existem relacionamentos de frutificação e crescimento no evangelho? Em outras palavras, como existe uma vida saudável, aparentemente conduzida por uma mulher forte, que conheço bem no íntimo que eu não sou? Deus fez isso do jeito que sempre faz – confundindo a sabedoria do mundo, chocando-me com a sua graça. Erguendo a cabeça de uma humilde mãe que consegue dormir pouquíssimo ao cuidar do filho especial, fazendo abundar toda graça durante os dias de força, fé e dons, como também nos dias em que sou apenas como uma poça no chão. Ele o faz também por meio de minhas irmãs e meus irmãos em Cristo.

Quando estamos fracas, precisamos da força dos fortes. Precisamos do sacrifício de seus serviços quando eles trazem refeições e fazem compras para nós. Precisamos da sua fé derramada por nós em oração. Precisamos de sua exortação e de sua admoestação, sua generosidade, misericórdia e liderança. Como Deus nos fortalece quando estamos fracas? Por meio de Cristo. Através do corpo de Cristo – nas suas gloriosas desigualdades.

Não sei se você está se sentindo forte ou fraca. Não sei se você se sente competente para a vida que recebeu, compreendendo claramente a medida de sua fé, suas habilidades e seus dons. Mas sei que ele tem dado a você alguma coisa, quer seja pequena, média ou imensa. Não descarte isso como se não fosse nada, porque a sua medida é diferente da medida daquela irmã ou do irmão mais próximo de você.

Sei também que, se você estiver se sentindo totalmente desprovida de força, nada tendo a oferecer, nenhuma capacidade em si mesma, pode ser que esteja na posição mais poderosa de todas, em que Cristo desce até você para ser a sua força na fragilidade e fraqueza, quando você não considera os seus dons, mas as suas falhas e diminuições – e Cristo está no meio de toda essa carência, Cristo cresce quando diminuímos. Que ele a abençoe com sua medida proporcional de fé e dons, e, nos tempos de escassez, que ele a abençoe com mais de si mesmo.

Perguntas para discussão
1. Você recua diante da verdade de que o Senhor não dá medida igual de dom e fé a todos?
2. Você tem a tendência de olhar as circunstâncias ou os dons de outras pessoas com uma pitada de inveja? Como seria se você estivesse livre da inveja e, em vez disso, se deleitasse nos outros com o coração aprendiz de irmã no Senhor?
3. De que forma você pode se gloriar no Senhor quando ele a coloca em circunstâncias que a tornam fraca? Como isso muda sua visão de dificuldade e fraqueza?

14
Mulheres dependentes

E o meu Deus, segundo a sua riqueza em glória, há de suprir, em Cristo Jesus, cada uma de vossas necessidades. (Fp 4.19)

Mas, agora, em Cristo Jesus, vós, que antes estáveis longe, fostes aproximados pelo sangue de Cristo. (Ef 2.13)

Os pais precisam estar dispostos a gritar com seus filhos. Provavelmente isso não é o que você está acostumada a ouvir, porque a maior parte das gritarias que nós, mães e pais, temos com os filhos é pecaminosa e muito feia. Mas, de vez em quando, existe uma situação que exige uma bronca por causa da extrema urgência e perigo que está à frente. Não é que estejamos exatamente gritando *com* eles, mas gritamos *por* eles, por seu bem e sua segurança.

Alguns anos atrás, nosso caçula estava em uma situação difícil quanto ao seu desenvolvimento, ou seja, não estava acontecendo quase nenhum desenvolvimento. Durante seu primeiro ano de vida, os médicos pensavam que provavelmente ele tivesse uma condição cerebral degenerativa. Isso era apenas um código para dizer: "pode ser que ele não viva muito tempo." Assim, em toda consulta ao neurologista que fazíamos (e essas são mais do que eu quero recordar), me perguntavam: "Existe algum sinal de deterioração? Já notou alguma coisa estacionada?". Não importava o quanto eu me sentisse positiva ao ir para a consulta; essas perguntas me arrasavam, porque, às vezes, eu nem sabia qual era a resposta. Às vezes, o progresso era quase imperceptível e eu indagava se não estaria apenas inventando esse "progresso" pelo desejo de uma mãe ver melhoras.

Orando com a mão sobre a boca

Durante esse tempo, minhas orações estavam se transformando em desânimo e meu coração era consumido pelo medo. Meu plano de leitura bíblica me colocou em Jó. Às vezes, Deus é sutil; outras vezes, nem tanto. Eu estava enfrentando a concretização do meu pior medo. Jó tinha perdido todos os seus filhos. Esse medo me fazia sentir como se eu estivesse no navio da Alvorada em Nárnia, nas Ilhas Solitárias, aproximando-me da escuridão aterrorizante: "a ilha onde os sonhos viram realidade". Só que Lúcia e Edmundo descobrem que são pesadelos.[29]

Além de ver meu pior medo concretizado em Jó, também estava sendo confrontada por um Deus que grita. Nos versículos 38 a 42 de Jó, Deus nos diz algumas

---

29 C. S. Lewis, *A Viagem do Peregrino da Alvorada (As Crônicas de Nárnia Livro 5)* (São Paulo, SP: Martins Fontes, 2015).

coisas grandiosas a seu respeito. Nós sempre dizemos que queremos que Deus responda às nossas orações, queremos ouvir sua voz, mas será que as respostas que ele dá em Jó são as que temos em mente? Sabemos que Deus é grande a ponto de tratar de nossos temores, nossas indagações, nossos corações, mas será que estamos prontas para lidar com suas respostas a esses medos e indagações? Pode ser que pensemos que, por estarmos temerosas e desesperadas, Deus nos deve um grande abraço de alívio com sabor de brownie meloso e grudento. Mas nosso desespero deve nos conduzir à dependência, e a dependência raramente vem de nosso desespero aliviado ou besuntado de chocolate.

Quando estamos assustados com nosso futuro, presente ou passado, às vezes Deus nos ama com o grito de Pai que manda o filho parar quando esse está prestes a entrar em uma rua movimentada sem ver os carros de todos os lados. Ele agarra nosso braço e nos arrebata do perigo, aterrorizando-nos com seu amor. Deus nos protege daquilo que realmente nos feriria – um coração desconfiado, transviado – mesmo ao permitir que a causa de nosso desespero terreno permaneça.

> Então, Jó respondeu ao Senhor e disse: Sou indigno; que te responderia eu? Ponho a mão na minha boca. Uma vez falei e não replicarei, aliás, duas vezes, porém não prosseguirei. (Jó 40.3–5)

Esse texto não é muito citado nas mensagens sobre como é importante conhecer o poder da oração. No entanto, aqui Jó nos lembra de que existe um tempo para dependência e confiança, e para aquietar a nossa queixa diante de Deus, ainda que saibamos, dos Salmos, que temos base para também expor a nossa queixa. Podemos, através da oração, ter comunhão na dependência do Senhor, com a mão sobre a boca.

Todas as nossas necessidades

Como aprender contentamento e dependência em oração quando parece que Deus está sonegando de nós coisas boas? Desejamos que nossos filhos sejam salvos, tenham casamentos fiéis, bons e significativos empregos, com segurança financeira e capacidade para ofertar, com generosidade, à comunidade em Cristo. Como Deus poderia se opor a essas coisas que, em nosso ponto de vista, tão claramente o glorificariam?

Como Jó, ficamos atônitas com o que acontece em nossas vidas. Mas em Cristo, Deus nos tem dado respostas decisivas. Em Cristo, temos prova irrefutável de que Deus é por nós. Olhe para a cruz, veja o túmulo vazio e, como Jó, ponha a mão sobre a boca enquanto Deus a aterroriza com até onde ele vai para mostrar o seu amor.

Como Deus supre todas as nossas necessidades? Suprindo cada uma delas em Cristo. A fim de envolvermos nossa mente em torno desse assunto, temos que começar a separar e a definir quais são as nossas reais necessidades. De que precisamos? Precisamos ver removida de nós a ira de Deus. Precisamos de alguém que esmague com o calcanhar a cabeça da serpente destemida. Precisamos do perdão de nossos pecados. Precisamos ser vivificadas. Precisamos de um novo coração. Precisamos do dom da fé. Precisamos tornar-nos santas. Precisamos da ressurreição. Precisamos de um corpo imperecível. Precisamos de um caminho para comunhão com Deus nosso Pai. Precisamos de alguém que nos envie o consolador, conselheiro e ajudador para andar conosco agora mesmo. Ah! Como são muitas e grandes as nossas necessidades! Em Cristo, Deus supre cada uma delas.

Nosso filho não morreu. Ele está sentadinho ao meu lado na minha poltrona, dormindo com a cabeça sobre o meu braço. Enquanto estou digitando, o movimento do meu braço faz a sua cabeça mexer para cima e para baixo. Um dia, porém, ele morrerá, assim como meus outros filhos, meu marido, eu e todas as pessoas que amo. Portanto, precisamos resolver isso, queridas irmãs. Só existe uma esperança nesta vida forte suficiente para nos guardar, a esperança da ressurreição. É a esperança da vida que está por vir, esperança de que, mesmo quando morrermos, nossas vidas não poderão ser tocadas ou feridas porque estão escondidas em Cristo para sempre, e de que o próprio Deus é o nosso galardão. Deus não despreza o nosso desespero. É o jeito dele nos atrair para mais perto, ajudando-nos a ficarmos dependentes, guardando-nos de destruir nossas vidas. Vá para Jesus. Nunca será a hora errada. Todas as nossas razões para permanecermos afastadas são exatamente as razões pelas quais nós precisamos dele. "Toda a aptidão que ele requer é que precises dele":

> Vinde, vós pecadores, pobres e carentes,
> fracos e feridos, machucados e doentes;
> Jesus está pronto a te salvar,
> cheio de pena, amor e poder.
>
> Vinde, sedentos, vinde e acolhei,
> tesouro gratuito de Deus glorificai;
> fé verdadeira e arrependimento certo,
> toda graça que te conduza mais perto.
>
> Vinde, vós, cansados, de fardos sobrecarregados,
> perdidos e pela Queda arruinados;
> se demorardes até melhor estardes,
> vós jamais ireis chegar.
>
> Não permitais que a consciência venha a tardar,
> nem sonheis em prontidão para o bem realizar;
> toda aptidão por ele requerida
> e da tua carência dele sentida.

Eu me ergo e vou a Jesus,
ele me acolhe em seus braços;
nos braços do meu amado Salvador.
Ah! Há dez mil encantos.[30]

Perguntas para discussão

1. Você já esteve em situação desesperadora que a fez sentir impotente? Como foi?
2. Essa situação de desespero alienou você de Deus ou a fez chegar mais perto dele?
3. De que forma você pode orar e confiar em que Deus usará cada situação de desespero a fim de torná-la dependente dele para o seu próprio bem?

---

30 Joseph Hart, "*Come, Ye Sinners, Poor and Needy*" (1759), Hymnary.org, https://hymnary.org/text/come_ye_sinners_poor_and_needy_weak_and.

15
Mulheres afligidas

> Porque eu estou bem certo de que nem a morte, nem a vida, nem os anjos, nem os principados, nem as coisas do presente, nem do porvir, nem os poderes, nem a altura, nem a profundidade, nem qualquer outra criatura poderá separar-nos do amor de Deus, que está em Cristo Jesus, nosso Senhor. (Rm 8.38–39)

Quando Deus me dá coisas difíceis ou tira de mim aquilo que eu queria manter, geralmente minha primeira reação é pensar que ele está me arruinando. Temos toda a tendência de achar que Deus nos está encolhendo quando, na verdade, está nos fazendo crescer. Pensamos que, ao nos podar, fazendo-nos sentir dor, o propósito é nos tornar pequenas e nos prejudicar. Achamos que nossa diminuição é o final da história. Esquecemos que, quando diminuímos, ele aumenta. Cremos que a nossa aflição é uma rede vazia quando, na verdade, é o mais gigantesco ganho imaginável. Somos solteiras, e ser solteira parece nos privar do que existe de melhor. Somos casadas, e a vida de casada não é nada como esperávamos. Somos mães, e ser mãe se parece com morrer mil vezes para as nossas preferências e nossa sanidade. Estamos trabalhando, e nossos empregos parecem sem importância, ridículos ou impossíveis, como se tivessem nos dado uma pedra, não pão. Esperamos ser avós, e parece que a coroa da velhice nos foi negada.

E ainda não comecei a falar dos grandes sofrimentos: o filho que morre, o cônjuge que abandona, o pai que abusa, odeia, negligencia ou ignora, as doenças crônicas, as deficiências físicas, a infertilidade implacável, a família amada e desviada, que não confia em Deus nem em você. Podemos então nos mover de nosso sofrimento pessoal para o severo sofrimento no mundo: doenças, fome, órfãos, guerras, mulheres escravizadas por homens, pornografia na internet, tráfico sexual, entre tantos outros.

Lá no fundo, se pensamos que não existe nada por trás de tudo isso, que apenas fomos podadas e deixadas a ponto de não voltar a brotar, realmente murcharemos na vinha. Temos que saber, no mais íntimo do nosso ser, que depois da morte vem a vida. A vida terrena que Deus nos deu, com todos os seus sofrimentos, é para o nosso crescimento e expansão em um reino invisível. Estamos ficando mais altas, mais fortes e mais estabelecidas nele.

Podemos pensar que, ao renunciarmos ao nosso corpo para termos filhos, abrirmos mão de nosso tempo livre para prepararmos o jantar e lavarmos roupas, deixarmos de sair uma noite com as amigas para examinarmos nossas contas e finanças, ou abandonarmos o desejo ter de todas essas coisas, estamos sendo esmagadas. Mas também estamos sendo moldadas. Estamos crescendo para além da morte, a fim de chegarmos à sua semelhança. Deus faz tudo isso ao nos tornar solteiras, casadas, inférteis, deficientes, divorciadas, mães, avós, madrinhas e qualquer outra coisa que seja por ele planejada.

Poupe-nos daquelas bênçãos

Se formos honestas conosco mesmas, a maioria teria de admitir que quando pedimos as bênçãos de Deus, nós realmente não as queremos. Pelo menos, não nos termos dele. Se a bênção significa riqueza, vida tranquila ou ver cumpridas as nossas expectativas, estamos dentro, mas quando significa dependência e dor, rapidamente pedimos ao Senhor que nos poupe dessas bênçãos.

Não seria isso que consome tantos de nossos pensamentos e orações, o que enche nossas mentes ansiosas durante a noite: medo de que o Senhor possa nos abençoar através do sofrimento? Podemos viver sem essas bênçãos, pensamos. As ideias de Jesus sobre o que é bênção não são as nossas.

> E ele passou a ensiná-los, dizendo: Bem-aventurados os humildes de espírito, porque deles é o reino dos céus. Bem-aventurados os que choram, porque serão consolados. Bem-aventurados os mansos, porque

> herdarão a terra. Bem-aventurados os que têm fome e sede de justiça, porque serão fartos. Bem-aventurados os misericordiosos, porque alcançarão misericórdia. Bem-aventurados os limpos de coração, porque verão a Deus. Bem-aventurados os pacificadores, porque serão chamados filhos de Deus. Bem-aventurados os perseguidos por causa da justiça, porque deles é o reino dos céus. Bem-aventurados sois quando, por minha causa, vos injuriarem, e vos perseguirem, e, mentindo, disserem todo mal contra vós. (Mt 5.2–11)

Vaneetha Risner contraiu pólio ainda bem jovem e tem suportado toda espécie de sofrimento desde então, incluindo a perda de um filho, o divórcio e a síndrome debilitante pós-pólio. Ela fala, de modo tocante, sobre os nossos conceitos errados de bênção. Citando uma Bíblia de estudos, ela diz: "A palavra grega traduzida por 'bem-aventurado', nessas passagens, é *makarioi*, que significa estar plenamente satisfeito. Refere-se aos que recebem o favor de Deus, não obstante as circunstâncias."[31] Vaneetha pergunta:

> O que é, então, a bênção? A Escritura mostra que bênção é qualquer coisa que Deus dá que nos torna plenamente satisfeitos nele. Qualquer coisa destemida que

---

31 Vaneetha Risner, "*What Does It Really Mean to be #Blessed?*" Desiring God, acessado em 13 de julho de 2018, http://www.desiringgod.org/articles/what-does-it-really-mean-to-be-blessed.

nos leva para mais perto de Jesus. Qualquer coisa que nos ajuda a abrir mão do que é temporal e agarrar, com maior força, aquilo que é eterno. Frequentemente, são as lutas e provações, as dolorosas decepções e os anseios não realizados que mais nos capacitam a isso.[32]

Martinho Lutero conhecia essa realidade quando prescreveu três passos para estudar a Bíblia: oração, meditação e *provações*.[33] Nunca bebo mais profundamente da água viva da Palavra do que quando sou jogada num poço e encharcada pela presença de Cristo. Como é fácil confundir estar ensopada com ser afogada. A Bíblia nunca é mais convincente do que quando as provações me engolem viva e encontro comunhão com Cristo dentro do ventre apodrecido de um peixe.

Como nos tornamos maduras em Cristo? A maturidade é um caminho através do sofrimento com Cristo. Por mais que queiramos nos poupar e poupar da dor os nossos queridos, caras irmãs, não ousemos roubar deles a bênção de Deus, ou seja, o reconhecimento de que ele é a verdadeira luz "quando todas as outras se apagam."[34] A bênção de Deus é ele mesmo. Sofrimento é o meio pelo

---

32 Ibid
33 Martin Luther, "*Preface to the Wittenberg Edition of Luther's German Writings*," Wisconsin Lutheran Seminary website, acessado em 13 de julho de 2018, https://www.wls.wels.net/rmdevser_wls/wp-content/uploads/2011/05/Helpful-ArticlesLuthers-Preface-to-the-Wittenberg--Edition-of-His-German-Writings-Luther.pdf.
34 J. R. R. Tolkien, *The Fellowship of the Ring* (Boston: Houghton Mifflin, 2002), 379.

qual descobrimos nossa dependência e carência diante da abundância da presença de Cristo. Aflição é o meio pelo qual aprendemos que nada pode nos separar do seu amor. Em Cristo, o amor é o tema, a batida do coração, a melodia e a linha da história do sofrimento. A aflição faz cantar mais alto esse cântico de amor quando o barulho e a dor do mundo tentam, em vão, abafá-lo.

A comunhão no sofrimento

Quando percebemos que o nosso filho tinha deficiências significativas, tive um pensamento estranho: *Será que isso quer dizer que temos de arrumar amigos todos novos?* Eu sentia o chão mover sob meus pés e não conseguia entender se isso seria uma realidade *definitiva*. Não sabia se as pessoas fora da nossa experiência de lidar com deficiências seriam capazes de se relacionar adequadamente conosco e com o sofrimento que estávamos passando a fim de mantermos um relacionamento significativo. A verdade é que algumas não conseguiriam, mas a maioria sim. Era uma pergunta esquisita para *um cristão* considerar seriamente, porque, no corpo de Cristo, o âmbito mais alto e mais significativo de conexão não é com pessoas iguais a nós, baseada em circunstâncias externas, mas com pessoas que não são muito parecidas conosco externamente, mas foram adotadas na mesma família, com a vida compartilhada em Cristo. Assim sendo, mesmo que nós fôssemos as únicas pessoas entre nossos conhecidos que tivessem um filho portador de múltiplas deficiências, não precisávamos ter medo de caminhar sem ter as conexões humanas mais necessárias e cristãs.

Os grupos de interesse em sofrimentos compartilhados que se formam em ambientes cristãos, muitas vezes, podem ajudar, fazendo exatamente o que um ajuntamento de cristãos deve fazer: "Exortamo-vos, também, irmãos, a que admoesteis os insubmissos, consoleis os desanimados, ampareis os fracos e sejais longânimos para com todos" (1Ts. 5.14). Eles oferecem um lugar onde podemos caminhar com outros crentes que enfrentam circunstâncias semelhantes, que talvez nos ajudem a dirigir, com maior habilidade, do que alguém que não tem enfrentado aquilo pelo qual estamos passando. Porém, existem outros lugares em que vejo especialmente mulheres cada vez mais isoladas em seu grupo particular. Às vezes, são grupos de mães jovens, pais adotivos, mulheres casadas, mulheres lutando contra infertilidade, pais de crianças com necessidades especiais, mulheres solteiras, mulheres divorciadas, vítimas de abuso ou qualquer outro grupo.

Conquanto tais grupos possam ser de muita ajuda, permanecer somente neles durante um tempo prolongado pode multiplicar nossos pontos cegos. Faltam-nos as contribuições de pessoas cujas experiências sejam diferentes da nossa, o que é essencial para o nosso crescimento e desenvolvimento. A experiência compartilhada é um consolo poderoso, mas não é o conforto mais profundo.

Nosso Deus sabe que a pecaminosidade inerente a todo ser humano distorce até mesmo nossas áreas de sofrimento, transformando-as em oportunidades para pecarmos.

Quando nos cercamos exclusivamente daqueles que experimentaram dificuldades semelhantes às nossas, pode ser irresistível a tentação de pintarmos uma narrativa de bom e mau, tendo-nos como as heroínas e todos que não passaram por elas como os vilões.

Precisamos de gente que não se encontra exatamente no nosso lugar de dificuldade, para nos dizer coisas que, de vez em quando, não gostamos de ouvir. Precisamos dar permissão às pessoas para serem verdadeiras em suas palavras a nós, sem temermos que cada palavra será afastada e examinada para verificarmos se o tom está perfeito. Precisamos ouvir coisas que nos deem uma perspectiva diferente, reconhecendo que quem está falando nos ama. Às vezes, teremos que ajudar a corrigir aquelas que estão *viajando*, como os amigos de Jó, e estabelecer limites com as que nos ferem desnecessariamente. É mais comum, no entanto, que necessitemos apenas permitir que nossos amigos cristãos sejam nossos amigos cristãos—diferentes de nós, mas parte da mesma família que nos ama, por mais imperfeita que seja.

Nosso próprio sofrimento muda a forma como interagimos com outras pessoas em seu sofrimento. Em vez de tentarmos resolver o problema delas, começamos a andar ao seu lado, a fim de ajudá-las a viverem como cristãs em meio ao sofrimento. Em vez de tentarmos consertar as circunstâncias, ficamos fortemente conscientes de que o controle sobre essas coisas está além de nós, e tornamo-nos livres para amar. Ainda que tenhamos de suportar os comentários, às vezes infelizes, das pessoas, podemos aproveitar nosso próprio tempo de aflição para nos ensinar um caminho melhor de apoiar o próximo.

A comunhão no sofrimento somente é comunhão quando o vínculo em comum for o vínculo de Cristo. Em outras palavras, o que torna o meu sofrimento uma ocasião para a comunhão com as pessoas não é a experiência do *mesmo* sofrimento, mas que, *em Cristo*, meu sofrimento é compartilhado com elas através de Cristo, e o sofrimento delas é compartilhado comigo através de Cristo. "De maneira que, se um membro sofre, todos sofrem com ele; e, se um deles é honrado, com ele todos se regozijam". (1Co 12.26)

Toda circunstância se curva diante do seu amor por nós

Quando nosso filho mais novo tinha apenas seis meses, ele não levantava a cabeça e tinha o tonus muscular muito fraco. Eu estava acostumada a sempre segurá-lo com a sua cabeça em meu ombro ou peito e seu corpo aconchegado em cima de mim. Sentia que isso era bastante normal. Uma amiga querida tinha um filho alguns meses mais novo que o nosso Tito. Tínhamos passado juntas a gravidez e juntas aguardávamos o nascimento de nossos filhos. Minha amiga veio à nossa casa para uma festa em que assistíamos ao campeonato de futebol na televisão. Ela entrou pela porta com os braços cheios de sacolas e comida. Sem pensar, tomei seu lindo bebê homem nos braços para aliviar seu fardo. Encontrei-me rapidamente desconcertada, com imenso sentimento de tristeza e alegria. Ali estava o filho dela: forte, robusto, fazendo contato com os olhos, erguendo a cabeça, capaz de se conectar comigo como a maioria dos bebês da sua idade consegue fazer — mas de um jeito que o meu filho não conseguia. Desde o nascimento de Tito, eu não havia segurado qualquer outro bebê, e ainda que em minha cabeça eu conhecesse a realidade das diferenças, senti-las em meus braços era outra coisa.

Poderia ter sido uma ocasião para um afastamento, mas, em vez disso, foi um momento para compartilhar sofrimento e alegria. Esse garotinho bebê da minha amiga era uma alegria – sua saúde, sua força, sua mente. Era um verdadeiro deleite. Era também a minha alegria. No entanto, havia tristeza pela perda de um corpo e um cérebro plenamente capazes. Essa mãe havia chorado comigo e orado sobre a saúde do meu filho, além de nos ter trazido refeições prontas para diminuir o nosso fardo. Ela havia compartilhado da nossa aflição, e agora nós compartilhávamos da sua alegria, porque fazíamos parte do mesmo corpo de Cristo. Meu pastor anterior dizia o seguinte sobre o sofrimento:

Sua aflição não é apenas momentânea, sua aflição não é apenas leve em comparação à eternidade e à glória por vir, mas toda sua aflição é totalmente significativa. Todo milésimo de segundo de sua dor, seja da natureza caída ou do ser humano caído, cada milésimo de segundo de sofrimento no caminho da obediência está produzindo uma glória peculiar a qual você receberá por causa disso. Não importa se foi câncer ou se foram críticas. Não importa se foi calúnia ou doença. Isso produz alguma coisa! Sua dor não é sem significado. Claro, você não vê o que está fazendo. Não procure naquilo que não pode ser visto. Quando sua mãe morre, quando morre seu filho, quando você está com câncer e só tem 40 anos de idade, quando um carro se joga na calçada e esmaga sua filha, não diga: "Isso não tem importância!" Não é assim. Essa aflição está trabalhando em você um peso eterno de glória.[35]

Sim, seu sofrimento está operando glória, e também está operando em nós uma união mais profunda e uma comunhão com o próprio Cristo, mesmo agora. Oh, irmãs cristãs, que deixemos nosso sofrimento levar-nos mais profundamente para o coração de Deus em Cristo! Que saibamos quão alto, e largo, e profundo é o seu amor por nós — amor do qual jamais podemos ser

---

35 Marshall Segal, "*A Song for the Suffering (with John Piper),*" Desiring God website, acessado em 13 de julho de 2018, http://www.desiringgod.org /articles/a-song-for-the-suffering-with-john-piper.

separadas — porque quando Deus nos entregou seu filho em sacrifício pelo pecado, e depois nos colocou no Cristo ressurreto, ele nos estava demonstrando a definição de amor (1Jo 4.10). Em Cristo, estamos em um casulo de amor, e cada circunstância em que nos encontramos foi feita para servir ao seu amor por nós. Nunca poderemos ser tiradas de sua forte mão (Jo 10.28–29).

Perguntas para discussão

1. Em que você pensa quando ouve a palavra *bênção*? Como isso é semelhante ou diferente do modo como a Bíblia usa essa palavra?
2. Como Deus pode usar o sofrimento em sua vida para abençoá-la com mais de si mesmo?
3. Como o seu sofrimento ou o sofrimento de outros cristãos pode ser uma oportunidade de comunhão uns com os outros e com Cristo?

16
Mulheres livres

> E isto por causa dos falsos irmãos que se entremeteram com o fim de espreitar a nossa liberdade que temos em Cristo Jesus e reduzir-nos à escravidão; aos quais nem ainda por uma hora nos submetemos, para que a verdade do evangelho permanecesse entre vós. (Gl 2.4–5)

> Porque a lei do Espírito da vida, em Cristo Jesus, te livrou da lei do pecado e da morte. (Rm 8.2)

Estou convencida de que muitas de nós temos um problema com a submissão — um problema gigantesco quanto à submissão. Não é principalmente porque não queremos nos submeter a nosso marido, ou aos líderes da igreja, ou a outros crentes como nós; é que não paramos de nos submeter ao mundo. O maior problema com as mulheres e a submissão é que esta é demasiada em lugares errados. Nós nos submetemos voluntariamente às regras do mundo.

Há uns dois verões, quando comecei a imergir no livro de Colossenses, eu conheci uma passagem sobre submissão que tende a causar muita angústia. É um texto que já olhamos: "Esposas, sede submissas ao próprio marido, como convém no Senhor" (Cl 3.18). É uma das poucas passagens sobre a submissão das esposas nas Escrituras que tende à infâmia.

Talvez seja menos conhecida do que outra passagem sobre "submissão", do capítulo anterior de Colossenses, que diz:

> Se morrestes com Cristo para os rudimentos do mundo, por que, como se vivêsseis no mundo, vos sujeitais a ordenanças: não manuseies isto, não proves aquilo, não toques aquiloutro, segundo os preceitos e doutrinas dos homens? Pois que todas estas coisas, com o uso, se destroem. Tais coisas, com efeito, têm aparência de sabedoria, como culto de si mesmo, e de falsa humildade, e de rigor ascético; todavia, não têm valor algum contra a sensualidade. (Cl 2.20–23)

As mulheres estão inundadas pelos ensinos e dogmas do mundo, e se colocam voluntariamente sob essa autoridade. Algumas nem sabem que estão fazendo isso.

Mais regras do que Levítico

Isso lhe soa de algum modo familiar? Compelimo-nos a vestir certas coisas, até sapatos que machucam, para ficarmos na moda. Limpamos nossas casas de determinada forma, usando apenas determinados produtos.

Seguimos cada regra e sugestão dada pelos onipresentes "eles" sobre como criar filhos e mantê-los seguros de qualquer risco. Aplicamos tratamentos bizarros aos nossos corpos porque alguém disse que temos de nos livrar das toxinas. Forçamos e esticamos nossos músculos, no mínimo três vezes por semana, porque cremos que é a coisa certa a fazer e, talvez, apenas talvez, poderemos manter a morte distante (ou, pelo menos, ter a barriga chapada até que a morte chegue para nos ceifar). Somos religiosas quanto ao tipo de velas que enfeitam as nossas casas e o aroma dos óleos essenciais que flutua pelo ar onde quer que estejamos, porque estamos convencidas de que são o remédio certo a usar.

Regras, regras, regras. Não as leis de Deus, mas, mesmo assim, são regras. E como elas nos deixam exaustas! Quem consegue se manter a par do conjunto de regras que sempre muda, e aumenta cada vez mais, com o qual o mundo fica nos bombardeando? Quem consegue acompanhar essa religião autoimposta que nós mesmas construímos?

Coma isso. Não coma aquilo. "Não manuseies isto, não proves aquilo, não toques aquiloutro" (Cl 2.21). Quantos filhos considerariam o livro de Levítico leve em comparação aos manuais intrincados e pesados livros de regras que suas mães carregam nos bolsos, todos localizados convenientemente na ilimitada internet. Pelo menos as leis de Levítico foram dadas por um Deus que busca o nosso bem, não por um mundo inclinado a nos destruir.

Estou dizendo que é errado seguir alguma dieta? Ou trabalhar fora de casa? Ou fazer a faxina de determinada forma? Ou usar certos produtos para a saúde? Não. Absolutamente não. Porém é errado acreditar que é correto fazer qualquer uma dessas coisas. É errado fazê-las quando você confia mais no mundo (ou em si mesma) do que em Cristo.

Cristo nos deu bastante trabalho para fazermos até que ele volte. A última coisa de que precisamos é começar a trabalhar seguindo a lista que o mundo designou para nós. Devemos "buscar as coisas lá do alto" (Cl 3.1). Isso significa que devemos "nos revestir [...] de ternos afetos de misericórdia, de bondade, de humildade, de mansidão, de longanimidade" (Col. 3.12), e suportar uns aos outros, perdoando-nos mutuamente, assim como o Senhor nos perdoou, assim também perdoamos; acima de tudo isto, porém, esteja o amor, que é o vínculo da perfeição. (Cl 3.13–14).

As regras criadas pelos homens nos fazem promessas. Dão-nos uma ordem e dizem: "Se você fizer isso, será feliz." Mas nenhuma delas consegue cumprir o que promete. Mesmo quando, de início, parecem cumprir o prometido – quando o regime nos deixa esbeltas e melhora a nossa digestão, ou o assento de carro, com cinto corretamente ajustável, diminui o risco de fatalidade em um acidente, ou os remédios e as vacinas nos livram de doenças – elas não conseguem nos dar felicidade permanente. Não podem nos dar paz em lugar de nossos maiores medos. As regras feitas pelos homens não podem curar nossos males mais sérios.

Outras vezes, podemos usar as regras como uma capa de conforto. Preferimos ter mil regras para governar todo pedaço prático de nossa vida do que viver a liberdade que Cristo nos oferece. Preferimos ter as "Quinze dicas práticas de lavanderia", ou as "Dez leis sobre como usar a lavadora de pratos", ou as "Regras básicas sobre alimentos que não devem ser ingeridos". Tais regras nos dão um senso de valor, de ter feito a coisa certa e a sensação de controle.

E se avaliássemos as coisas em uma escala totalmente diferente? E se admitíssemos que obter valor no manter as regras é contrário ao evangelho? E se começássemos a nos perguntar: "Será que dobrei as roupas com humildade? Lavei a louça com amor? Preparei o jantar com paciência? Fui trabalhar com mansidão? Prendi o cinto de segurança do meu filho com fé?"

Em outras palavras, deveríamos nos perguntar se estamos vivendo como cristãs. Em vez de acreditar que o jantar foi um sucesso porque evitamos todos os ingredientes da lista de "Alimentos que não devem ser ingeridos", vejamos o jantar como glorificando a Deus porque o servimos de modo digno do Senhor, ou seja, com amor.

Às vezes, evitar certas comidas e amar a Deus e ao próximo andam de mãos dadas. Frequentemente, nossa rotina de exercícios é uma boa maneira de honrar ao Senhor. Mas os cristãos devem ser capazes de conectar tudo que fazem e não fazem para a glória de Deus, quer estejam comendo, ou bebendo, ou dobrando as roupas lavadas, ou fazendo compras no supermercado. É aí que sabemos que a obra de Deus em nós tem dado fruto — quando podemos fazer todas as coisas, ou até mesmo nos abster delas, como pessoas livres que glorificam a Deus.

Se, por amor a Deus e abandono de um pecado, você começa uma nova dieta, então tudo que foi feito pela fé agrada a Deus. Ele vê o seu coração; ele vê a sua motivação. Mas se você resolveu assumir um estilo de alimentação baseado apenas em regras porque isso está na moda, e o mundo a convenceu de que é o certo a fazer para melhorar a si mesma, faltou-lhe a liberdade que Cristo oferece. Você faltou com as boas-novas, que dizem que nem comida, nem vestimentas, nem fazer faxina, nem dobrar as roupas pode nos recomendar a Deus. Mas Cristo pode, e Cristo o faz.

Temos que nos perguntar a quem estamos nos submetendo. Da próxima vez que você tiver a compulsão de fazer alguma coisa de determinada maneira, estando relacionada a todas as coisas que perecem (Cl 2.22), pergunte-se o porquê. É por medo ou pela fé? Sob autoridade de quem? Vamos resolver fazer tudo sob a autoridade e na liberdade de Cristo, e recusar nos submeter novamente ao jugo da escravidão. Somos mulheres cristãs, o que significa que estamos marcadas por nossa submissão bem como por nossa liberdade, tanto naquilo para o que dizemos sim, quanto naquilo que recusamos.

Praticando a liberdade piedosa como mulheres

Quando eu era menina, só estava interessada em fazer um tipo de guloseima: cookies com pedaços de chocolate. Até aperfeiçoei uma receita de biscoitos da Mrs. Field (uma versão americana da Dona Benta) que continha aveia moída e barras de chocolate da Hershey's.[36] Levei amostra desses biscoitos para a feira estadual e voltei para casa com o prêmio da fita azul. Essa era a extensão da minha habilidade culinária.

Como jovem mãe (sobrecarregada) com crianças pequenas, eu zombava das mulheres que assavam pão em casa e pareciam investir muito tempo em coisas desse tipo. Lembro-me claramente de querer dizer: "Você sabe que pode comprar isso no supermercado, não sabe?". Parecia que todas as mulheres que faziam pão caseiro o estavam fazendo só para nos sentirmos mal. Essa disposição mental que eu tinha não se limitava a pão feito em casa. Se estendia a numerosas áreas que eu julgava "não essenciais para a sobrevivência", quando via outras

---

[36] Esses *cookies* valem o pouquinho mais de esforço que exigem para triturar a aveia e as barras de chocolate. Você não se arrependerá de fazê-los. Encontre a receita em Geniuskitchen.com, http://www.food.com/recipe/authentic-mrs-fields-chocolate-chip-cookies-83777.

mulheres destacando-se simplesmente por terem mais tempo, ou vida mais tranquila, ou necessidade de provar que eram melhores do que nós outras mortais. Em alguns casos, eu estava certa — é verdade que as mulheres *fazem* coisas por motivos errados e algumas *têm* mais tempo livre do que outras. Mas isso não vem ao caso. Eu estava presa porque não tinha uma categoria para mulheres livres, que fazem boas-obras na liberdade que têm em Cristo de gozar a vida nele com o seu trabalho.

Imagino que eu não seja a única mulher que descobriu simplesmente não compreender certas categorias bíblicas e como incorporá-las, de maneira prática, em sua vida. Coisas como amar o próximo e criar os filhos no Senhor, abrir mão de uma atitude pecaminosa para com uma pessoa próxima ou levar cativos nossos pensamentos a Cristo antes que eles estraguem uma amizade – são todas elas coisas que, como cristãs, devemos fazer, mas muitas de nós não sabemos como deveríamos fazê-las. Ver outras pessoas realizando bem essas coisas é como observá-las fazendo pão quando nunca fizemos isso antes. Parece misteriosamente difícil, algo para o qual elas têm que ter capacidade nata. Ou a gente sabe, ou não sabe. Talvez até comecemos a considerar que são coisas desnecessárias para a nossa sobrevivência.

Há muitos anos, em uma virada de acontecimentos envolvendo um retrato muito atraente no Pinterest e uma blogueira de alimentos muito paciente, que assumiu nunca antes ter experiência de fazer pão e escrevia como se estivesse dando instruções a uma criança, eu me dispus a fazer meus primeiros pães.[37] Porque minha professora, a super paciente blogueira de alimentos, estava disposta a explicar cada passo e cada termo, e responder a toda pergunta que todas as pessoas lhe faziam nos comentários, eu consegui fazer, com sucesso, dois pães.

O prazer subsequente na minha família por eu ter feito aqueles primeiros dois pães me jogaram na produção de pães cada vez mais diferentes. Com o passar dos anos, minha habilidade ficou patente; eu ganhei a expertise sobre como fazer pães que só é possível com a experiência — dos grandes desastres aos sucessos de dar água na boca. Aventurei-me a aprender sobre confeitaria, croissants, challah, babka e fermentação natural.

A pergunta relevante é: quando foi que fiquei livre para fazer pão? Antes de aprender ou depois? Antes de aprender a assar pães, eu estava presa a um pensamento falso sobre assar pães e à minha inabilidade. Depois de aprender a fazer pão, eu estava livre para fazer meu próprio pão *ou* comprá-lo. Agora estou livre para ficar em casa em vez de sair para a padaria quando não temos pão. Estou livre para pegar alguns pães no corredor do supermercado quando isso for conveniente, *e* livre para alegrar meus filhos com um de seus alimentos prediletos saído

---

37 Dei essa receita a mais gente do que consigo lembrar. Se você quiser fazer esse pão, mas tem medo de tentar, visite o site: Simply So Good, http://www.simplysogood.com/2010/03/crusty-bread.html.

quentinho do forno. Também estou livre para continuar aprendendo a fazer mais tipos de pães. Quanto mais aprendo, mais percebo que apenas arranhei a superfície de tudo que se pode saber sobre assar pães.

Diferentemente de fazer pães, abandonar o pecado e viver para Cristo são coisas realmente essenciais à nossa sobrevivência. Não estamos falando apenas de diversão ou passatempos não essenciais, como culinária, ou tricô, ou jardinagem. Estamos tratando de algo totalmente necessário: a liberdade de viver como mulher cristã piedosa.

Para compreendermos essa liberdade, temos que nos voltar para a cruz. Temos que lembrar que o poder do pecado foi quebrado ali, quando Jesus morreu. Temos que lembrar que foi abolida a nossa escravidão ao pecado e que não estamos mais presas. Estamos livres, não somente do pecado, como também para sermos de Cristo e vivermos vidas santas, cheias de boas-obras. As boas-obras não nos fazem merecer nada diante de Deus, mas não entenda errado o fato importantíssimo de que, na piedade, existe ganho para nós. A piedade, ou o crescimento em boas-obras, é fonte de grande lucro (1Tm 6.6).

Quando andamos pela fé, nos esforçamos por dar os primeiros passos na liberdade da justiça, assim como eu dei meus primeiros passos na produção de pães sem saber o mínimo sobre como os faria. As primeiras vezes são sempre as mais difíceis e incertas. Uma vez que tenhamos aprendido o básico, depois de muita massa debaixo das unhas, algumas vezes tendo feito errado e depois fazendo os ajustes necessários, podemos até mesmo fazer receitas mais complicadas parecerem fáceis. *Porque, na verdade, elas passaram a ser feitas sem muito esforço.*

O mesmo ocorre em nossas vidas como mulheres cristãs. Quanto mais praticamos o arrependimento, o sacrifício, a justiça, mais isso tudo será normal, como atravessar uma sala em vez de levantar pesos. Ouvir toda essa conversa sobre praticar o cristianismo, viver uma vida santa, pode fazer você ficar nervosa. Ouça o que Deus fala por meio de João:

> Filhinhos, agora, pois, permanecei nele, para que, quando ele se manifestar, tenhamos confiança e dele não nos afastemos envergonhados na sua vinda. Se sabeis que ele é justo, reconhecei também que todo aquele que pratica a justiça é nascido dele. Vede que grande amor nos tem concedido o Pai, a ponto de sermos chamados filhos de Deus; e, de fato, somos filhos de Deus. Por essa razão, o mundo não nos conhece, porquanto não o conheceu a ele mesmo. (1Jo 2.28,29–3.1)

Confundindo liberdade com escravidão

A prática da justiça não causa o novo nascimento da parte de Deus. Ela é um sinal de que nascemos dele. E essa é a prática que nos dá mais liberdade do que poderíamos sequer imaginar. Quando Deus nos insta à justiça, ele nos está amando e libertando. Se andar em justiça parecer escravidão ou desmancha-prazer, é muito simples o problema: você ainda não conhece suficientemente a Deus. Ainda não aprendeu a confiar em seu amor. Ainda não experimentou suas alegrias superiores. Ainda não cancelou seu próprio julgamento a ponto de saber que ele prova que estamos erradas em tudo. Andar com Deus é como andar com a luz acesa: você não somente evita tropeçar nas coisas, como também tem liberdade de visão. C. S. Lewis disse: "Creio no cristianismo, assim como creio que o sol nasceu, não só porque eu o vejo, como também porque, por meio dele, eu enxergo tudo mais."[38] De Gênesis a Apocalipse, Cristo é a luz que Deus faz brilhar através das Escrituras, ajudando-nos a ver, a conhecer e a ter prazer em Deus.

Ele nos diz através de Paulo: "Porque Deus, que disse: Das trevas resplandecerá a luz, ele mesmo resplandeceu em nosso coração, para iluminação do conhecimento da glória de Deus, na face de Cristo" (2Co 4.6).

A luz de Cristo não é escravidão, mas visão. A escuridão distorce as coisas más, fazendo-as parecerem boas, e fazendo coisas boas parecerem más. Quando eu era criança, tinha muito medo do escuro. Lembro-me de subir na cama com meus pais e ficar fitando um cantinho do quarto deles onde havia uma cômoda contra a parede. No espaço entre a cômoda e a parede, tinha a certeza de

---

38 C. S. Lewis, *O Peso da Glória* (São Paulo, SP: Thomas Nelson Brasil, 2017).

ver o olho de um lobo me espreitando. Às vezes, parecia um tigre. Mas quando acendia a luz, ele rapidamente desaparecia. Da mesma forma, no escuro, temos medo de toda espécie de coisa que não existe. As trevas podem ter também efeito oposto. Você pode pensar que está acariciando filhotes de gatinhos fofos, e quando acende a luz, descobre que é uma infestação de ratos. Senhoras, precisamos de Jesus para enxergarmos o pecado como feio e Deus como bom.

Viver em Cristo e estar unidas a sua perfeição, morte e ressurreição não são fardo pesado; é vida real e liberdade. Deus nos deu novo ser em e por meio de Cristo, e não há liberdade em tentar nos agarrar aos desejos pecaminosos do velho eu doente pelo pecado. Não é liberdade apagar a luz. Em 1694, Mary Astell escreveu em seu ensaio *A Serious Proposal to the Ladies* [Uma séria proposta às Senhoras]: "Vocês senhoras, são, portanto, convidadas para um lugar onde não sofrerão qualquer outro confinamento, senão o de serem guardadas fora do caminho do pecado."[39] Não é essa a liberdade pela qual Cristo pagou tão alto preço? Não é essa a liberdade que ele valoriza tão supremamente? Que não soframos nenhum outro confinamento, senão o de nos manter fora do caminho do pecado. Temos isto do apóstolo Paulo:

---

39 Mary Astell, *A Serious Proposal to the Ladies: For the Advancement of their True and Greatest Interest* (London: King's Head, 1694), Gutenberg.org, acessado em 13 de julho de 2018, http://www.gutenberg.org/files/54984/54984-h/54984-h.htm.

> Porque vós, irmãos, fostes chamados à liberdade; porém não useis da liberdade para dar ocasião à carne; sede, antes, servos uns dos outros, pelo amor. (Gl 5.13)

Uma vez que tenhamos provado a liberdade que temos em Cristo, aprendemos que temos muito mais para aprender sobre o que seja a verdadeira liberdade. Há alturas e profundidades nessa liberdade que mal conseguimos vislumbrar. O desejo pela liberdade na justiça cresce, quanto mais provamos o quanto ela é doce. Ao sermos libertas por Cristo para vivermos como mulheres cristãs em Cristo, realizando boas-obras por meio de Cristo, nós desenterramos uma alegria que parece infinita ao crescermos cada vez mais no Cristo infinito. Descobrimos que nossas vidas nunca estarão tão satisfeitas e significativas sem que sejam encontradas escondidas em Cristo.

Perguntas para discussão

1. Você se submete a (ou é obcecada por) regras feitas por homens (ou autoimpostos) quanto a coisas como alimentos, remédios, exercícios ou outras coisas "perecíveis"? Por quê?
2. De que forma você pensa que se submeter a regras feitas por homens afeta você e às pessoas mais próximas de você?
3. Como seria se você andasse em liberdade quanto às regras feitas por homens? Como seria se você estivesse livre para viver na justiça de Cristo?

17
Cristo infinito em mulheres finitas

Cristo em vós, a esperança da glória. (Cl 1.27)

Uma fotografia é apenas isto. É um retrato da vida real que está acontecendo de verdade. Tudo que até agora fui capaz de dar a vocês são retratos e princípios. Uma pessoa sábia disse certa vez: "a única coisa constante é a mudança". Por isso é que ainda falta tanto para ser cavado que não pude tratar neste livro. Porque somos pessoas que estão em transformação em meio a circunstâncias, relacionamentos e locais mutáveis; viver a vida em Cristo está sempre tomando novas dimensões. Todo dia, enfrentamos alguma circunstância nova, ou uma nova percepção de nós mesmas, ou uma nova dinâmica relacional em que tudo deve ser visto sob a ótica correta: escondido em Cristo, por ele, através dele e para ele.

É difícil saber quanto da nossa identidade está arraigada nas circunstâncias — em nosso trabalho ou na falta de trabalho, em nossos filhos ou na falta de filhos, em nosso cônjuge ou na falta dele — até que as circunstâncias mudem. Nossas reações nos dizem algo sobre onde estamos. Estamos apenas aqui na terra? Ou estamos escondidas em Cristo, à direita de Deus Pai no céu, guardadas e mais seguras do que a própria terra?

No entanto, as mudanças em nós mesmas e em nossas circunstâncias são um presente, não menos importantes porque revelam nosso apego mortal àquelas partes de quem nós éramos (e não somos mais) bem como nossa relutância de andar na direção em que Deus está nos conduzindo. Elas também são um dom porque vêm do nosso Pai. E nosso Pai não está empenhado na tarefa de paralisar seus filhos. Ele está dedicado à obra de amá-los, discipliná-los e, sim, transformá-los por diversos meios, para serem mais parecidos com seu Filho.

Porém, talvez o maior dom que Deus nos dá quando nossas circunstâncias não param de mudar, é que ele nos lembra de que estamos guardadas no Cristo imutável, o qual é o constante verdadeiro, que continua o mesmo depois de quaisquer mudanças (Hb 13.8). Na transformação da mudança, jamais podemos ser retiradas da sua presença. Na mudança causada por ferimentos ou dores, não podemos escapar dos seus propósitos soberanos e da sua benignidade. Na mudança da morte, seremos ressurretas imperecíveis num abrir e fechar de olhos (1Co 15.52). No Cristo imutável, toda mudança circunstancial é para o nosso bem.

Algumas coisas, não todas as coisas

Muitas de nós queremos que alguém nos diga exatamente o que *fazer* para ser uma mulher cristã; queremos um molde universal e exaustivo, com uma lista de coisas para ticar – mas isso não existe. A natureza de sermos mulheres cristãs não está baseada no que fazemos, mas em quem nós somos — quem ele nos fez. O mundo inteiro, sob o príncipe dos poderes do ar, está distorcido e rejeita a forma como Deus criou os homens e as mulheres. Como mulheres cristãs, temos que pensar muito sobre a direção à qual estamos inclinadas. Estamos flertando com uma versão sutil da rebeldia clara do mundo, manifesta em descontentamento e pequenas ofuscações de partes da Palavra e do projeto de Deus que queremos minimizar — as partes que simplesmente se recusam a serem contextualizadas para o século XXI? Ou será que pusemos uma capa de estereótipo feminino que nos inclina ao legalismo e para longe da plenitude da Palavra Deus, de seu projeto e missão para nós? Irmãs, não ousemos nos inclinar à nenhuma direção, senão no aprofundamento em Cristo.

Ser mulher cristã é *alguma* coisa — é uma realidade de imenso valor, muito além do que poderíamos imaginar — mas não é tudo. Não somos mulheres e homens ao mesmo tempo. Não conseguimos habitar duas realidades e é perigoso tentar fazer isso, porque, enquanto possamos achar que estamos simplesmente tentando ser mais do que meras mulheres, é possível que estejamos tentando ser Deus. A solução de ser apenas mulher não é decidir ser apenas um ser humano ou um homem; é lembrar que não existem meras mulheres. Só existem mulheres criadas por Deus à sua imagem.

Gastaremos nossas vidas ansiando ser um super-humano inexistente, não preso por gênero, ou obedeceremos ao Deus que nos ama? Vamos ansiar por barrigas definidas quando Deus nos deu um corpo para crescer nele um bebê? Vamos sofrer querendo o púlpito do pastor quando Deus pede que façamos um lar? Vamos lamentar não ser a cabeça quando Deus fez de nós o coração? Estamos dispostas a ser parceiras, andar ao lado de, ser plenas participantes de tudo que Deus nos chama a fazer? Dispomos nossa mente, intelecto e convicções, oferecendo-os com discernimento como os crentes de Bereia?

Estamos dispostas a sermos agentes do evangelho de Jesus Cristo? Estamos prontas a exercermos os dons que Deus nos deu, quer sejam ensino, serviço, administração, contribuição, aconselhamento com sabedoria, exortação e assim por diante, para a sua glória e por seu povo, sem retermos nada? Estamos dispostas a realmente nos entregarmos de cabeça no jogo? Ou vamos nos esconder por trás dos homens, desejando que ninguém espere nada de nós? Vamos crer que fomos criadas para aprendermos diretamente da boca de Jesus, recebendo suas palavras como alimento, como Maria, ou estaremos distraídas demais pelo nosso trabalho que julgamos importante, como fez Marta? (Lc 10.38–42).

A maior de todas as graças

Se somos mulheres cristãs, existem respostas certas e respostas erradas a essas perguntas. Se nos recusamos a fazer o que Deus pede de nós, estaremos roubando de mulheres e homens cristãos, mães, irmãs, avós e filhas necessárias na família de Deus. Deus não tem ambiguidade quanto ao que sente sobre o homem servindo sem uma mulher: "não é bom" (Gn 2.18). Vamos concordar com Deus que somos verdadeiramente parte do corpo de Cristo, com papel integral na missão de Deus para edificar a igreja e salvar um povo para si por meio de seu filho (1Co 12.22)?

Não vamos realizar essas coisas com perfeição — vamos errar, vamos falhar. Mas podemos aprender e crescer. Podemos dar passos de criança. Podemos mudar. Embora mude aquilo que somos, jamais mudará *quem Cristo é para nós*. Temos um Deus imutável que nos deu princípios imutáveis do seu imutável livro. Estamos sendo sempre formadas por ele e conformadas à imagem perfeita de Cristo.

Se você não aproveitar mais nada desse livro, pelo menos leve consigo o seguinte: você recebeu a maior de todas as graças: o próprio Cristo.[40] Você, mulher cristã, está em Cristo. A morte dele é a sua morte, a vida de Cristo é a sua vida, as perfeições dele pertencem a você. Em nossa união com Cristo, ele levou nosso pecado, nossa culpa e nosso castigo, matando-os ao morrer por eles, e quando ressurgiu, deu-nos o poder sobre a morte, para que possamos morrer diariamente para o pecado — um milhão de pequenas mortes no decorrer da vida que só nos tornam mais vivas nele do que podíamos ter imaginado.

Não só estamos no Cristo infinito; o Cristo infinito está em nós (Cl 1.27). Carregamos em nós a esperança da glória, de modo que a eternidade é o ritmo de vida do novo coração que recebemos. Carregamos em nós a esperança da glória e, todo o tempo, essa esperança nos carrega em meio às noites escuras e circunstâncias singulares em que nos encontramos. É uma esperança que não pode ser apagada.

Que você, querida leitora, encontre seu mais profundo prazer em ser o que ele a criou para ser, sendo encontrada naquele que a salvou. Existe maior alegria para encontrar, maior bem para receber e mais conforto para usufruir no Salvador que habita em você do que esse mundo finito e caído pode conter.

Que você, não obstante às suas circunstâncias ou condições, receba, sem timidez, o dom de ser uma mulher cristã.

---

40 Recordo-me de que isso foi dito por John Owen, mas não consigo encontrar a fonte em lugar nenhum.

Cristo, esteja comigo,
Cristo diante de mim,
Cristo por trás de mim,
Cristo em mim,
Cristo sob mim,
Cristo acima de mim,
Cristo à minha direita,
Cristo à minha esquerda,
Cristo onde eu me deito,
Cristo onde eu me sento,
Cristo onde eu me levanto,
Cristo no coração de todo homem que pensa em mim,
Cristo na boca de todo homem que fala de mim,
Cristo em todo olho que me vê,
Cristo em todo ouvido que me ouve.[41]

Perguntas para discussão

1. Você tende a rejeitar os caminhos de Deus por meio de uma religião criada por homens, mundanismo, rebeldia ou legalismo?
2. Você sente contentamento e gratidão por ser uma mulher cristã independente da circunstância de vida em que se encontra?
3. Qual o seu maior aprendizado ao ler este livro? Como Deus poderia levá-la a aplicar esse aprendizado em sua vida ou a compartilhá-lo com outras pessoas?

---

41 Extraído do peitoral de São Patrício, Wikipedia.org, https://en.wikipedia.org/wiki/Saint_Patrick%27s_Breastplate.

Agradecimentos

> Porque todos tropeçamos em muitas coisas. Se alguém não tropeça no falar, é perfeito varão, capaz de refrear também todo o corpo. (Tg 3.2)

Frequentemente, eu tropeço naquilo que digo, e como tais tropeções produzem tristeza! Essa é a razão pela qual Tiago fala que "a língua é fogo; é um mundo de iniquidades" (Tg 3.6). Só as pessoas mais próximas sabem quantos tropeções aconteceram enquanto eu escrevia este livro. Da abundância do coração, o teclado digita, a pena escreve e a boca fala (Mt 12.34). Devo muita gratidão às pessoas que puseram guarda em minhas palavras e procuraram evitar que eu tropeçasse.

Primeiro, agradeço à minha mãe, Bea Anderson, e à minha prima, Kirsten Christianson, que vigiaram minhas palavras, dando-me tempos de calmaria para que eu pudesse escrever. Seu alegre carinho no cuidado com meus filhos quando eu precisava de algumas horas ininterruptas para colocar as coisas no lugar fez toda a diferença.

Agradeço a Barb Waldemar e às jovens senhoras da *Bethlehem College and Seminary*, que assistiram às duas palestras baseadas nas sementes deste livro, fazendo-me perguntas penetrantes. O meu pensamento foi refinado e afiado por meio de todas vocês.

Obrigada aos santos que se dispuseram a ler as versões iniciais do manuscrito e ofereceram valiosos insights e encorajamento: Sam Crabtree, Pam Larson, Christy Roberts e Kristin Tabb. O mundo online é refrescante e estimulante, oferecendo amigos dispostos a gastar tempo me ajudando nisso: Emily Jensen, Abby Hummel e Michal Crum.

David Mathis foi a primeira pessoa a me dizer que eu podia e devia escrever este livro, e começar a fazê-lo. Obrigada, David. Sou devedora também à Lydia Brownback, editora oficial deste livro, a qual é tanto precisa como também sábia.

Sou especialmente grata por dois casais teologicamente astutos e graciosos que leram "versões de artigos" dos capítulos, bem como o manuscrito inteiro uma vez que estava composto, fazendo valiosos comentários e me dando apoio a cada passo do caminho: Daniel e Jessica Souza, e Andy e Jenni Naselli. Vocês todos estão aptos para a cidade melhor do porvir, e é uma honra chamá-los de meus amigos.

Às mulheres do campus norte da *Bethlehem Baptist Church*, obrigada por serem praticantes da Palavra, e por serem mulheres atípicas que amam a Jesus, as palavras e os desígnios de Deus. Vocês todas me inspiram.

    Meu marido, Tom, deveria receber a medalha que é concedida a cônjuges que sobrevivem ao primeiro livro escrito por suas esposas e que mantêm firmes seu humor, seu suporte e sua boa vontade. Se essa medalha não existe, espero que ele aceite a minha longa admiração por toda minha vida e minha cozinha. Tom torna isso fácil. É o tipo de homem que continua sempre melhorando quanto mais o conhecemos melhor. Quisera eu que todas as mulheres tivessem um homem dessa estirpe.

    Finalmente, a minha gratidão se derrama sobre os nossos filhos, que ainda não leram este livro. E não precisam ler. Estão vivendo isso tudo — aos trancos e barrancos. Oro para que, se o Senhor quiser, a vida de cada um se torne uma carta de Cristo, escrita, não com tinta, mas com o Espírito do Deus vivo, não em tábuas de pedra, mas nas tábuas dos corações humanos (2Co 3.3). Faz isso, Senhor. Escreve em nossas vidas as palavras que nunca passarão.

FIEL
MINISTÉRIO

O Ministério Fiel visa apoiar a igreja de Deus de fala portuguesa, fornecendo conteúdo bíblico, como literatura, conferências, cursos teológicos e recursos digitais.

Por meio do ministério Apoie um Pastor (MAP), a Fiel auxilia na capacitação de pastores e líderes com recursos, treinamento e acompanhamento que possibilitam o aprofundamento teológico e o desenvolvimento ministerial prático.

Acesse e encontre em nosso site nossas ações ministeriais, centenas de recursos gratuitos como vídeos de pregações e conferências, e-books, audiolivros e artigos.

Visite nosso site
www.ministeriofiel.com.br

Esta obra foi composta em Proforma Book 12,5, e impressa
na Promove Artes Gráficas sobre o papel Polen 70g/m2,
para Editora Fiel, em Setembro de 2024.